너에겐
나무,

나에겐
부처님

너에겐
나무,
나에겐
부처님

양동효외 지음

조계종
출판사

글쓴이 소개

양동효 | 의정부광동고등학교 교법사
김남일 | 동국대학교사범대학부속여자중학교 교법사
류동호 | 광동중학교 교법사

너에겐 나무, 나에겐 부처님

발 행 일   2006년 6월 20일 1판 1쇄
지 은 이   양동효, 김남일, 류동호
발 행 인   김도영
편   집   문종남 · 양수정 · 박은정
디 자 인   최현규 · 라태령 · 문효진
마 케 팅   이경대
발 행 처   조계종출판사
인   쇄   한영문화사

출판등록   제 1-1865호
등록일자   1995년 4월 1일
주   소   서울시 종로구 수송동 5번지 동일빌딩 8층
전   화   02-733-6390
팩   스   02-720-6019
E-mail   inyeon@buddhism.or.kr

ISBN 89-86821-49-4 03220

값 8,000원

※잘못된 도서는 교환해 드립니다.

책을 • 내며

삶의 단계에서 청소년 시기는 사람의 일생 중에서 가장 활기 있고 생명력이 넘치며, 동시에 새로운 미래를 향하여 꿈에 부푼 때라고 할 수 있다. 그러나 이 시기에는 어려움이 따르고, 그 과정에서 정신적인 방황과 불안에 휩싸이기도 한다.

이러한 때에 청소년에게 필요한 것은, 인간이란 어떤 존재이며, 어떻게 살아가는 것이 올바른 삶인가를 아는 것이다. 이 책은 청소년으로서 바람직한 삶을 살아가는 데 필요한 기본 원리와 행동 기준을 제시해주기 위하여, 전국교법사단이 청소년 불서 시리즈 제6권으로 인도와 중국의 부처님 제자들과 선지식들의 삶을 대장경 속에서 가려뽑아 현대적 감각으로 음미하여 편찬한 것이다.

이미 전국교법사단에서는 2000년에 율장 부분의 부처님 말씀을 간추려 해설한 제1권 《서두를 때 서두르면 느릴 때는 아무리 느려도 좋다》를, 2001년에는 아함부 경전 가운데서 가려 뽑은 제2권 《벽 틈으로 바람 들어오듯 마음 틈으로 욕심 들어온다》를 시공사에서 출판하였고, 2002년에는 본연부 경전 가운데서 가려 뽑은 제3권 《물 뱀이 마시면 독, 소가 마시면 우유》를, 2003년에는 여러 대승경전에서 청소년에게 유익한 말씀을 가려 뽑아 음미한 제4권 《빨리 가기보다 더 중요한 것은 함께 가는 거야》를, 2005년에는 중국의 선사와 한국의 선지식 말씀을 모은 제5권 《대자유인 선사》를 조계종출판사에서 발간하였다.

주로 청소년을 대상으로 하여 쓴 것이지만, 불교를 처음 접하는 사람이나 일반인들에게도 불교의 가르침을 소개하는 안내서로서의 역할을 충분히 할 수 있으리라 믿는다.

끝으로 이 책을 간행할 수 있도록 지원과 협조를 아끼지 않으신 조계종 포교원장 도영 큰스님과 종단 관계자 여러분들, 정성껏 출판을 맡아주신 조계종출판사, 그리고 바쁜 일정에도 불구하고 틈을 내어 옥고를 집필해주신 법사님들께 다시 한번 감사드린다.

불기 2550년 6월 초여름
전국교법사단장 **김남일** 합장

차 ● 례

제1장

너에겐 나무, 나에겐 부처님

1.
나는 반항한다. 고로 존재한다

바라문들은 말했다.

"이 어리석은 사람아, 어찌 우리 하느님의 권능을 그렇게도 모르는가. 저 아수라의 성곽이 아무리 두텁고 높아 허공에 솟아 있더라도

우리의 하느님이 화살 한번 당겨 명중시키면 마치 마른 풀을 태우는 불처럼 한 순간에 남김없이 없앨 수 있네."

우바새는 여유롭게 타일렀다.

"그대들이 모시는 천신은
살해하기 좋아하는 흉악한 자이니
그를 받들어 덕 있는 이라고 섬긴다면
마치 사자나 호랑이 혹은
잔악한 악귀를 섬기는 것과도 같다.

어리석은 사람이야 두려워하여
그러한 자를 공경할지 모르지만
슬기로운 이라면
스스로 깊이 살필 것이네.

괴롭히지 않는 이어야
남에게 공경을 받을 수 있고
만약에 덕을 갖춘 이라면
끝까지 해치는 마음을 갖지 않을 것이다.

어리석은 이들은

남을 해치거나 협박하는 자를 두려워해 따르고

훌륭한 덕을 갖춘 이에겐 가벼이 대하나니

이는 뒤바뀐 자로서

공경해야 할 바를 모르기 때문이다.

나는 간다라국 출생으로서

선악을 분별해 알기에

항상 여래를 믿어 존경할 뿐

스스로 있다는 신 따위는 생각도 않노라.

《대장엄론경》 제 1권

그리스 신화에 나오는 시지프스는 '인간 중에서 가장 현명하고 신중한 사람'이었다고 한다. 그러나 시지프스는 그 똑똑함으로 말미암아 신들의 권위를 훼손하고, 그 결과 죽은 후에는 높은 산위로 영원토록 바위를 굴려 올려야만 하는 가혹한 형벌에 처해지고 만다.

시지프스 이야기는 인간적 지혜의 한계와 교만을 경고하는 수단으로 만들어진 것이지만, 프랑스 작가 알베르 까뮈는 그런 시지프스에게 새로운 의미를 부여하고 있다. 즉 '자신의 지혜를 믿고 교만해진' 시지프스가 아닌, '부조리를 고발하고 바로잡는 시지프스'로 새롭게 탄생시키고 있는 것이다.

사실 신화 속에서 시지프스가 신의 미움을 사고 있는 까닭은 세 가지다. 첫째는 헤르메스의 도둑질을 고발한 것이다. 이는 바른 일이었으나 제우스는 '인간이 신을 고발한 것' 자체를 괘씸하게 본 것이었다.

둘째는 제우스 자신이 아름다운 요정 아이기나를 납치한 것이다. 요즘 식으로 보면 제우스는 제 힘만 믿고 날뛰는 도저히 말릴 길 없는 납치범이요, 성폭력범, 가정파괴범이다. 시지프스가 그 광경을 목격하고는 아이기나의 아버지 아포소스에게 알려 딸을 구하도록 도와준 일 때문이었다. 조건은 있었다. 시지프스 자신이 왕으로 있는 코린토스라는 나라에 마르지 않는 샘을 하나 만들어 달라는 것이었다. 코린토스는 물이 귀해 백성들이 몹시 고생을 하고 있었기 때문이었다. 아포소스는 강의 신이었으므로 그것이 가능했던 것이다. 백성을 위하고, 딸을 잃어버려 슬퍼하는 아버지에게 딸을 찾아준 죄였다.

화가 난 제우스는 죽음의 신 타나토스를 보내 시지프스를 잡아오라 명령하지만, 시지프스는 타나토스가 당도하자 그를 쇠사슬로 꽁 꽁 묶어 돌로 만든 감옥에다 가두어버리기까지 하였다. 타나토스는 이후에도 몇 번이나 시지포스를 잡아가는 데 실패하게 된다. 인간의 몸으로 '감히 죽음까지 희롱해버린' 행위가 바로 시지프스의 세 번째 죄였던 것이다.

신을 삶과 세계의 지배자로 생각하던 고대의 관점에서 시지프스는 참으로 '건방진 놈'이 아닐 수 없었을 것이다. 그러나 인간이 삶과 세계, 그리고 역사의 중심이 되면서부터 시지프스는 새롭게 이해되기 시작했다. 더구나 2차 세계대전이 일어나 독일의 지배 하에 놓인 프랑스에서 레지스탕스 활동까지 한 까뮈의 입장에서는, '부조리한 힘'에 순종하는 인간은 비판과 극복의 대상이었다.

부조리한 힘에 대하여, '나는 반항한다. 그러므로 존재한다'는 그의 선언은, 2천여 년 전, '살해하기 좋아하는 저 흉악한 자를 받들 수 없다'며 당당하게 외치는 저 우바새의 태도와 다를 바 없는 것이다.

2
이 머리를 사시오

아쇼카라는 왕이 있었다. 그는 삼보를 믿고 좋아하여, 불제자들을 보게 되면 어른과 아이를 가리지 않고 반드시 타고 있던 말에서 내려 불제자의 발에 대고 예배하였다. 그런데 삼보를 믿지 않는 대신 야사는 그런 왕을 보고는 헐뜯는 마음이 생겨 이렇게 아뢰었다.

"이 사문들은 여러 가지 종성(種姓:출생 계급) 출신입니다.

그들 중에는 가죽으로 물건을 만들거나, 벽돌과 기와를 찍어내거나, 수염과 머리를 깎는 것을 직업으로 삼은 자도 있으며, 심지어 가장 천한 백정 따위도 있는데 대왕께서는 무엇 때문에 이런 자들을 예경하십니까?"

왕은 이 말을 듣고 잠자코 있을 뿐 대답하지 않았다. 뒤에 대신들을 따로 모이게 하고는 명령하였다.

"내게 여러 동물의 머리가 필요하니 구해 오도록 하라. 하지만 죽이는 것은 안 되고, 죽은 것을 구해오너라."

그리고는 각각의 대신들에게 누구는 무슨 동물의 머리를, 또 누구는 무슨 동물의 머리를 구해 오라고 이르되, 야사에겐 유독 죽은 사람의 머리를 구해 오라고 하였다.

대신들이 맡은 바대로 머리들을 구해오자 다시 각자가 구해 온 머리를 시중에 가서 팔게 하였는데, 다른 머리들은 다 매매가 되었으나 사람의 머리만은 보는 사람마다 혐오하여 멀리 달아날 뿐 사려는 이가 없었다. 오히려 그런 광경을 본 뭇 사람들은 "그대가 백정도 아니고 야차도 나찰도 아니면서 왜 죽은 사람의 머리를 갖고 다니느냐"며 꾸짖고 욕할 뿐이었다.

돌아온 야사에게 왕은 다시 말하였다.

"값을 받을 수 없다면 거저라도 주고 오도록 하라."

야사는 왕의 분부에 다시 시중에 들어가 "이 사람의 머리를 거저 주겠소"라고 말하며 다녔으나, 마찬가지로 보는 이마다 욕만 할 뿐 가져가려는 이가 없었다.

다시 왕의 처소로 돌아온 야사는 말하였다.

"소·나귀·코끼리·말이나 돼지나 염소 같은 짐승의 머리는 죄다 쓸 데가 있는 것이어서 모두들 앞을 다퉈 사려고 하기에 누구나 그 값을 받을 수 있지만, 사람의 머리만은 더럽고도 흉하여 쓰일 곳이 전혀 없기에, 거저 주어도 가져가려 하지 않고 도리어 욕만 먹게 되는데 그것을 어떻게 팔 수가 있겠습니까?" 왕은 야사에게 도로 물었다.

"네가 팔려는 사람의 머리를 사람들은 왜 사지를 않는가?"

"보는 사람마다 혐오하여서 그렇습니다."

"그렇다면 이 한 사람의 머리만이 아니라 모든 사람들의 머리를 다 싫어하지 않겠는가?"

"그렇습니다. 당연한 일이지요."

왕은 다시 물었다.

"그렇다면 나의 머리 역시 사람들이 다 싫어할 것이 아니겠는가?"

야사는 이러한 말을 듣자 두려워서 감히 대답치 못하고 그냥 입을 다문 채 서 있었다.

왕은 다시 말을 이었다.

"내가 너에게 겁을 주려는 것이 아니니 사실대로 말하여라. 나의 이 머리도 사람들이 혐오하지 않겠는가?"

야사는 대답하지 않을 수 없었다.

"그럴 수밖에 없겠습니다, 대왕이시여."

그제서야 왕은 야사에게 타이르며 말했다.

"사람의 머리가 귀천을 막론하고 싫어하는 것이라면, 너는 어째서 높은 종성이란 점을 믿고 세도와 지식이 있음을 자랑삼아, 저 여러 사문들에게 내가 머리 숙여 예배하고 공경하는 것을 막는가?"

사람의 머리만은 팔려고 해도 값이 없고

거저 주려 해도 가져가지 않으며

모두들 멀리 서서 욕만 할 뿐이네.

사람의 머리는 더럽고 천한 것이지만
이러한 머리를 가지고서도
공덕의 머리로 바꿀 수는 있네.
사문들을 향하여 몸을 굽힌들
털끝만큼도 손해날 것이 없도다.

그대는 비구들의 종성만을 보고
비천하다며 가벼이 여기지만
그 마음 속에 간직하고 있는
진실한 도덕은 어찌하여 보지 못하는가.

《대장엄론경》 제3권

　　"넌 왜 그렇게 고개가 **뻣뻣하냐?**" 인사를 잘 안 하는 사람에게
흔히 던지는 말이다. '벼는 익을수록 고개를 숙인다' 는 말도 있다. 내
면이 성숙한 사람은 자신을 낮춘다는 표현이다.

이처럼 우리들은 종종 신체적인 굴신(屈伸)으로써 내면적인 상태를 묘사한다. 패배나 굴복의 상징으로 '무릎을 꿇고', 희망과 용기를 가지고 당당하라는 뜻으로 '가슴을 쫙 펴라'는 표현을 한다. 숙임이나 굽힘은 낮거나 낮추는 쪽에, 들거나 폄은 높거나 높이는 쪽에 많이 적용된다고 볼 수 있다. 그러니 사회적인 지위가 높은 사람은 아무래도 '숙임'보다는 '듬', '굽힘'보다는 '폄' 쪽에 더 익숙할 것이다.

아쇼카왕은 부처님 돌아가신 후 약 200년 뒤의 사람으로 인도 마우리아 왕조의 제3대 왕이다. 그는 할아버지였던 찬드라굽타 시절에 이룩한 인도의 대부분과 아프가니스탄 남부에 미치는 광대한 영토를 이어받아 지배자로 군림하였다. 왕위에 오른 지 9년째 되던 해 인도의 남동부, 오리사 해안의 칼링가 지방을 정복했는데, 그때 전쟁의 참상을 목도하고는 마음을 돌려 불교에 귀의하고, 이후 무력에 의한 정복을 중지하게 된다.

그는 불교의 다르마(dharma, 法)를 모든 인간이 따라야 할 보편적 원리로 받아들이고, 그에 의한 정치를 이상으로 삼아 그 실현에 진력하여 지금까지도 가장 이상적인 불교적 군주로 추앙받고 있다.

절대 권력을 구가하였던 아쇼카왕은 굽히거나 숙일 일이 없었을 것이다. 그의 총애를 받고 있던 신하들 또한 자기들의 왕 이외에는 굽히거나 숙일 일이 거의 없는 막강한 권력을 누리고 있었을 것이다. 그런 아쇼카왕이 불제자만 보면 고개를 숙이는 모습은, 신하들의 입장에서는 그리 달갑지 않은 광경이었을 것이다. 권력도 재산도 없고, 더구나 왕의 영토에서 살고 있는 사람에게 왕이 고개를 숙인다는 것은 도저히 받아들일 수 없는, 오히려 충신이라면 자기가 모시고 있는 왕의 위엄을 훼손시키지 않기 위해서라도 당연히 말려야 하는 일로 여겨질 수도 있었을 것이다.

하지만 아쇼카왕은 진시황과는 다른 황제였다. 그는 아무리 황제라 하더라도 언젠가는 결국 죽을 수밖에 없는 중생이란 사실을 알고 있었다. 따라서 불멸(不滅)의 길을 걸으며 그 이치를 품고 있는 불제자는, 지금은 비록 이름도 없어 보잘것없이 보일지라도 자신에게는 '미래의 구원자'로 약속된 존재인 것이다. 지금 당장의 이익만 찾는 사람이 아니라면 어찌 고개 숙여 공경치 않겠는가.

남을 공경함에, 고개를 숙임에 인색할 필요는 없는 것이다. 소머리는 국밥의 재료가 되고, 돼지머리는 고사에 쓰이기나 한다. 사람의 머리는 돈주고 가지라 해도 가질 사람이 없을 것이다. 죽고 나면 한 푼의 가치도 없을 머리를 숙여 미래의 안락을 예약한다면 결코 손해나는 거래는 아닐 것이다.

3.
개고기는 사 먹겠소

어떤 우바새 형제 두 사람이 함께 오계를 지키며 살고
있었다. 어느 날 아우가 갑자기 가슴의 통증이 심해 위
독해지자 어떤 의사가 "금방 잡은 개고기를 술과 함께
먹게 하면 낫는다"고 말하였다.

아우는 정색을 하면서 말하였다.

"개고기는 시장에 가서 사 먹을 수 있겠지만, 술 마시는

일은 계율을 범하는 일이므로 차라리 죽을지언정 하지
않겠소."
하지만 형은 아우의 상태를 걱정해서 술을 사 와 아우를
타일렀다.
"계율을 범하더라도 병을 낫게 하기 위해서는 술을 마셔
야 하지 않느냐. 내가 너를 아끼기 때문에 이러는 것이
지 잘못되게 하려는 뜻은 없다."
아우는 형을 향해 간청하였다.

이상하십니다.
목숨이 끝날 때가 왔다 해서
어찌 제 계율의 보배를 깨뜨리려 하십니까?
사람의 몸 얻기 어렵다 하지만
계율과 바른 법을 만나기는 더 어렵습니다.
계율의 보배가 제 손에 들어왔거늘
어찌 이 보배를 빼앗으려 하십니까?
제가 훌륭한 곳에 향하려 하는데
계율을 깨뜨려 저를 손상시키면서

어떻게 아낀다고 할 수 있습니까?

부처님께서 말씀하시기를
몸과 입과 마음의 세 가지 행위의 악은
술 마심이 그 근본이 된다고 하셨습니다.
옛날 어떤 우바이도 술을 마셨기 때문에
나머지 네 가지 계율까지 깨뜨리지 않았습니까?
술은 흐트러짐과 방탕의 근본이라 했으니
마시지 않으면 나쁜 곳에 이르지 않습니다.

병이 반드시 낫는다 하여도
저로서는 술을 마실 수 없거늘
하물며 나을지 낫지 않을지도
확실히 모르는 일 아니겠습니까?

《대장엄론경》제15권

"바닥에 깔어~!"

공사장 타일 이야기가 아니다. 냉면을 주문할 때, "저… 스님, 고기는 어떻게 할까요?"하고 묻는 종업원에게 스님이 했던 말이라던가. 비틀기를 좋아하는 사람들은 자기들과 다르게 사는 사람들, 그 중에서도 자기보다 좀 잘 산다고 느끼는 사람들을 대상으로 그들의 치부를 찾아 조롱하기를 즐기는 경향이 있다.

그를 통해서 그런 사람들도 자기들과 별다를 게 없는, 어쩌면 자기들보다 훨씬 도덕적으로 흠이 많은 사람이라는 점을 강조하여, 일상적이고 때론 비루하다고도 느껴지는 자신들의 삶에 위로를 받고 싶은지도 모르겠다.

먹지 않고 살 수는 없다. 어쩌면 삶이란 것이 보다 잘 먹기 위한 끊임없는 투쟁의 과정일 수도 있다. 그만큼 '먹고 사는' 문제는 우리들의 삶에서 거의 절대적인 비중을 차지하고 있다. 오죽하면 "살기 위해서 먹는가, 먹기 위해서 사는가?"라는 질문이 유행하기도 했을까.

'불교' 하면 스님을 생각하지 않을 수 없고, '스님' 하면 '고기 안먹는 사람' 쯤으로 연결된다. 웰빙 열풍 덕분에 스님들의 산중 생활이, 특히 그분들의 채식 생활이 가장 수준 높은 식생활로 손꼽히고 있는 현실이지만, 애초 잡식성으로 태어난 사람이 그들과 어울려 살면서 어찌 육식을 완전히 끊을 수 있을까? '그래도 스님이라면 그래야지' 하는 생각에는 귀의와 존경의 대상인 스님들을 향한 일반인들의 기대가 반영되어 있다. 그분들만은 내가 할 수 없는 일을 거뜬히 해내어야 하는 특별한 존재, 특별한 삶을 사는 존재이어야 하기 때문이다.

일반인들의 그런 생각은 탓할 일이 아니다. 실제로 불교, 특히 대승불교에서는 《열반경》을 통하여 육식을 강력하게 금지하고 있다. 그런데 부처님 당시에는 출가 수행자들에게도 육식이 완전히 금지된 것은 아니었다. 오히려 '이런 경우에는 먹어도 좋다'가 아니라, 이런 경우에는 먹어서는 안 된다' 라는 방식으로 육식을 규정하고 있어, 그 허용의 폭이 상당히 넓었음을 짐작할 수 있다. 그러니 "바닥에 깔어~!"라는 풍자는 있을 필요도 없었다. 그냥 내놓고 먹어도 되는 경우가 많았기 때문이다.

또 한편으로 우리는 "스님이 곡차 한 잔 못 해서야 어떻게 중생을 구제하겠습니까?"라는 말을 하기도 한다. 곡차가 술을 다르게 부르는 말이란 것은 누구나 알고 있다. 스님이 육식을 하면 수군거리고 비아냥거리면서도, 함께 술을 마시는 행위에 대해서는 그리 문제삼지 않는다.

하기야 술에 대해서는 무척이나 관대한 것이 우리나라 사람들의 일반적인 태도인지도 모른다. 술 먹고 저지른 잘못에 대해서는, 그냥 '술 먹고 그런 건데 뭘' 하면서 넘어가기 일쑤다. 우리 사회에서 음주 운전이 살인죄처럼 취급되기 시작한 지도 그리 오래되지 않았다.

그러나 저 우바새의 태도를 보면, 최소한 부처님 당시나 그 가까운 시대에는 육식보다는 음주를 금하는 계율이 훨씬 엄격하였음을 알 수 있다. 요즘 사람들의 생각과는 정반대의 입장이었던 것이다.

주목할 만한 점은, 오계 가운데서도 우리가 가장 가볍게 여기는 '술 마시지 말라'는 계율이, '살생하지 말라' '도둑질하지 말라' 등의 항목을 제치고 '가장 무거운 계율'로 지목되고 있다는 사실이다. 그리고 그 까닭이 우바새의 또 다른 말을 통해 밝혀지고 있다. 술을 마시는 행위는 사람을 방탕하고 게으르게 할 뿐만 아니라 탐욕 · 성냄 · 어리석음 등 모든 악행의 근본이 되기 때문이라는 것이다.

불교에서는 마음을 모든 일의 근본으로 보고, 노력하는 태도를 중요시한다. 따라서 마음을 흐트러지게 하고, 노력을 멈추게 하는 계기가 되는 음주는 특히 멀리 해야 할 일일 수밖에 없는 것이다.

세월이 흐르면 어떤 것은 발전하고 어떤 것은 퇴화한다. 때로는 발전하지 말아야 할 것은 발전하고, 퇴보하지 말아야 할 것이 퇴보하기도 한다. 눈에 보이는 것을 중요시하고, 그에 따라 보이지 않는 가치에는 점점 소홀해지는 것이 오늘날의 세태이다. 그 그릇된 흐름에 맞서 보이지 않는 마음을 바로 지키고자 보이는 행위로써 경계해주고 있는 것이 바로 '불음주' 계이다. 그 의미를 다시 한번 생각하여 가벼이 지나치지 않았으면 하는 바람이다.

4
부처님을 떠나겠습니다

메기야는 식사를 마친 뒤에, 가사와 바루를 챙기고 손
과 발을 씻고 니사단을 어깨에 걸치고 부처님께 나아
가, 머리를 조아려 발에 예배하고 물러나 한쪽에 서서
여쭈었다.

"세존이시여, 저는 오늘 아침에 가사를 입고 바루를 가
지고 잔투촌으로 들어가 밥을 빌었나이다. 밥 빌기를 마

친 뒤에 금비하 가에 가서, 땅이 편편한 호나림과 금비하의 물이 지극히 아름다워 즐길만 하며, 맑은 샘물은 천천히 흐르고, 차지도 덥지도 않은 기후가 알맞은 것을 보고 기뻐하여 곧 이렇게 생각하였나이다. '이 호나림은 땅이 편편하고, 금비하의 물은 지극히 맑아 즐길만 하다. 맑은 샘물은 천천히 흐르고, 차지도 덥지도 않은 기후는 알맞다. 만일 족성자가 번뇌 끊기를 공부하려면 마땅히 이런 곳에서 해야 할 것이다. 나도 끊을 것이 있다. 차라리 이런 고요한 곳에서 끊기를 배우면 어떨까' 하고. 세존이시여, 저는 지금 저 호나림의 고요한 곳에 가서 번뇌 끊기를 배우고자 하나이다."

그때에 세존께서는 말씀하시었다.

"메기야여, 너는 모르느냐. 나는 단신으로서 사람이 없고 시중들어줄 사람도 없다. 너는 조금 머물러 있거라. 나를 시봉할 비구가 오면, 너는 그때 그곳에 가서 공부해도 좋다."

존자 메기야는 두 번, 세 번 여쭈었다.

"세존이시여, 저는 지금 저 호나림의 고요한 곳에 가서 번뇌 끊기를 배우고자 하나이다."

세존께서도 또한 두 번, 세 번 말씀하시었다.

"메기야여, 너는 모르느냐. 나는 단신으로서 사람이 없고 시자도 없다. 너는 조금 머물러 있거라. 나를 시봉할 비구가 오면, 너는 그때 그곳에 가서 공부해도 좋다."

메기야는 다시 여쭈었다.

"세존이시여, 여기서는 하는 일도 없고 할 일도 없으며, 또한 보살필 일도 없나이다. 세존이시여, 제게는 하는 일도 있고 할 일도 있으며, 또한 보살필 일도 있나이다. 세존이시여, 저는 저 호나림의 고요한 곳에 가서 번뇌 끊기를 배우려 하나이다."

세존께서는 말씀하시었다.

"메기야여, 네가 번뇌 끊기를 구하고자 한다면, 내가 또 무슨 말이 있겠느냐. 그럼 너는 가서 하고 싶은 대로 하거라."

이에 존자 메기야는 부처님의 말씀을 들어 잘 받아 가지고 또 잘 외워 익히었다. 곧 부처님 발에 예배하고, 세 번 돌고 떠났다.

《중아함경》〈미혜경(彌醯經)〉

부처님처럼 위대한 분을 가까이서 모신다는 것은 참으로 만나기 어려운 복이다. 그러나 메기야는 그런 부처님과 함께 할 시간조차 뒤로 하고 번뇌 끊는 수행을 하기 위해 부처님 곁을 떠나고자 하였다. 부처님의 만류에도 불구하고 말이다. 어쩌면 메기야는 부처님의 시중을 드느라 소홀해진 자신의 공부를 되돌아봤는지도 모르겠다.

메기야는 과연 어떤 제자였을까? 스승의 마음은 전혀 고려하지 않고 제 공부만 하려 한 이기적인(?) 제자였을까? 아니면 자기 인생의 문제를 해결하고자 출가한 본래의 뜻에 충실하려 한 진정한 수행자였을까?

어쨌거나 경문의 어느 곳에서도 부처님이 메기야를 힐책한 내용은 보이지 않는다. 오히려 홀로 공부하다 풀리지 않는 의문을 들고 다시 찾아온 그에게 부처님은 자상한 가르침을 베풀어주신다. 떠나려는 메기야를 만류한 것으로 보아 메기야는 부처님의 신임을 두텁게 받은 제자였음을 짐작할 수 있다.

스승을 거룩하게 만드는 것은 제자의 몫이라고 할 수도 있다. 만일 부처님의 제자가 되어 항상 부처님 곁에서 그 시중만 들며 삶을 마친다면, 부처님 이외의 사람을 대상으로 한 삶보다야 훨씬 낫겠지만, 부처님의 의도를 충족시키는 제자라고는 할 수 없을 것이다.

부처님을 모시는 목적은 그를 통해 부처님의 법을 보다 깊고 밝게 깨닫고자 하는 데 있다. 부처님이 제자들에게 바라신 진정한 뜻도 거기에 있음은 재론의 여지가 없다. 존경만 하고 있기보다는 그 가르침과 깨달음을 이어가고 펴는 것이 진정한 제자의 길이다.

　　부처님은 당신 자신을 위해서가 아니라 중생을 위해 이 세상에 오신 분이다. 그 제자 역시 자신이 아니라 중생을 위해 살아야 한다. 그러기 위해서는 중생의 괴로움을 덜어주어야 하며, 자신이 중생과 함께 괴로움에 빠지지 않을 수 있는 스스로의 안목과 마음을 갖추어야 한다.

　　메기야는 공간적으로는 부처님 곁을 떠났지만, 부처님의 법을 일념으로 생각하여 정진하였으므로 더욱 부처님 가까이 있었다고 말해야 한다. 부처님의 법에 입각하여, 스스로를 건지는 제자가 되어야 하리라.

5.
좋긴 좋은데 어려워서

"고타마시여, 비록 훌륭한 규범과 교리를 갖추어 미묘하
기 제일이라 하더라도 다만 사문의 법은 어렵습니다. 바
라문의 법은 어렵습니다."
부처님은 말씀하셨다.
"가섭이여, 사문의 법과 바라문의 법은 어렵다. 가섭아,
하지만 우바이도 또한 능히 이 법을 안다. 옷을 벗고 다

니는 고행자가 무수한 방법으로 그 몸을 괴롭게 하더라
도, 다만 그 마음이 성냄이 있는 마음인가 성냄이 없는
마음인가, 원한이 있는 마음인가 원한이 없는 마음인가,
해롭게 함이 있는 마음인가 해롭게 함이 없는 마음인가
를 모른다. 만일 이 마음을 안다면 사문·바라문을 어렵
다고 이름하지 않을 것이다. 알지 못하기 때문에 사문·
바라문은 어렵다는 것이다."

《장아함경》〈나형범지경〉

　　부처님의 법이 훌륭하긴 훌륭한데 어려워서 감히 다가가지 못하
겠다는 사람들이 있다. 불교가 심오한 사상이라는 점은 이미 공인된
사실이라 그런 태도가 전혀 이해되지 않는 것은 아니다. 하지만 한번
더 생각해 보면 그 말은 모순을 품고 있음을 알게 된다. 바깥에서 보기
만 하고, 가까이 다가가 보지도 않고서 그 쉽고 어려움을 어떻게 단정
할 수 있는가. 많은 사람들이 그렇다고 말해도, 그것이 꼭 진실은 아닌
것이다. 또 그렇게 말하는 사람들이 모두 자기처럼 불교는 어렵다며
지레짐작해서 그렇게 말할 수도 있는 것이다.

따지고 보면 세상에 저절로 되는 쉬운 일은 없다. 얼핏 보면 쉽게 보이는 일도 막상 하다 보면 어려움에 부딪칠 때가 허다하다. 반대로 겉보기에는 무척 어려워 보여도 흥미를 가지고 덤벼들면 의외로 쉽게 문제가 해결되는 경우도 많다.

TV에서 가수가 흉내내기조차 어려운 춤을 춘다고 하자. '어떻게 사람 몸이 저렇게 움직일까?' 신기해하다가도 관심을 가지고 몇 번 따라하다 보면, 어느 새 다른 사람이 자기를 보고 감탄하게 되는 것이다. 수영만 하더라도 처음엔 물에 뜨기도 힘들지만, 꾸준히 배우고 연습하다 보면 물고기 못지않게 물 속에서 자유자재로 움직일 수 있게 된다. 컴퓨터 같은 첨단 기기도 일단 조작법만 익히게 되면 더 없이 편리하고 유용한 친구가 된다.

어렵고 큰 일을 성취하는 모든 것이 이렇듯 작은 관심과 노력에서 비롯되는 것이다. 물론 깨달음, 즉 성불의 길이 춤이나 수영을 배우는 과정과 똑같은 것은 아닐 것이다. 하지만 춤 실력도 타고난 자질과 기울인 노력, 투자한 시간에 따라 각양각색이며, 거기에 평생을 바친 사람과 그저 취미로 익히는 사람은 현격한 차이가 있을 수밖에 없다.

그렇지만 누구나 어느 정도 노력한다면 자연스럽게 몸에 배어 춤을 즐길 수 있게 되고, 춤에 대한 어려움을 어느 정도 해소할 수 있다. 불교

또한 어느 정도의 노력이 있으면, 비록 완성된 깨달음엔 아직 못 미친다 할지라도, 나름대로의 이해와 신념을 갖춰 그 속에서 자유롭게 쉴 수 있는 것이다. 지레 포기하여 시도조차 하지 않는 사람만 아니라면 누구나 알 수 있고, 체득할 수 있는 내용으로 구성되어 있다는 것이다.

'머리가 나빠도 그렇게 나쁠 수 있을까?' 하고 의심될 정도로 우둔함의 상징이었던 제자 추다판타카, 그는 단 한 줄의 문장조차 제대로 외우지 못해 무시당하곤 했었다. 그런 추다판타카도 도를 이루지 않았던가. 그 예를 특수한 경우라 치부할 수도 있다. 그렇다면 당시 교육의 혜택으로부터 가장 소외되어 있던 재가 여성들을 거론하며, 그들도 충분히 그 법을 알아낸다고 하신 부처님의 말씀은 또 무어란 말인가.

그 힘들다는 군대 생활, 대부분의 평범한 남자들이 훌륭히 해내고 돌아온다. 보기보다 어려운 일이 있는가 하면, 예상보다 쉽게 이뤄지는 일도 있는 것이다.

불교가 가장 훌륭하다는 점은 인정하지만 어렵다는 생각에 주저하고 있는 가섭은 어쩌면 지금 나나 내 주변 친구들의 모습일지도 모르겠다. 하지만 그것은 몰라서 하는 생각이라고 부처님은 타이르신다. 불교는 일단 걸어 들어가면 놀랄 만큼 쉽고도 편안한 길이라는 뜻이리라. 부처님 말씀이니 한번쯤은 믿어 보자.

6
자기 자신을 우습게 보지 말라

'부처님은 네 종류의 사람이 있다 하셨는데 나는 그 중
에 최하급에 속하는 사람인 것 같다. 결국 나는 이 몸으
로 무엇을 하겠는가. 이 숲 속 생활로써는 부처님께서
깨치신 도라거나 다른 어떤 성과도 거둘 수 없다. 차라
리 부처님 곁에 가서 그 가장 수려하신 부처님 몸을 우
러러보고 감로 같은 설법을 들으면서 시간을 보내자.'

그리하여 다시 그는 기원정사로 돌아갔다.

그때에 그 친구들이 그에게 말했다.

"벗이여, 그대는 부처님 곁에서 관법을 가려 사문의 법을 행하려는 결심으로 갔었는데, 다시 돌아와 여러 사람들과 사귀면서 즐기고 있구나. 벌써 출가 수행에 의해 최고의 무엇을 얻어, 다시는 이런 생을 받지 않게 되었는가?"

"벗이여, 나는 도를 깨치거나 어떤 다른 성과도 얻을 수 없기 때문에, 나야말로 무능한 무리라 생각하고는 정진 노력을 중단하고 돌아온 것이다."(중략)

부처님께서 말씀하셨다.

"비구여, 너는 왜 이 가르침을 받들고 출가했으면서 '욕심이 적은 사람이다. 만족할 줄 아는 사람이다. 세속을 등진 사람이다. 정진 노력하는 사람이다' 라고 이렇게 자기를 알리지 못하고 '정진할 마음을 버린 비구' 라고 사람들에게 알려졌는가? 너는 전생에 정진하는 사람이었다. 500대의 수레가 사막의 어려운 곳에 갔을 때 너 한 사람의 노력에 의해, 사람과 소들이 먹을 것을 얻어 안

전하게 된 일이 있었다. 그런데 지금 그 정진할 마음을
버렸는가?"
그래서 그 비구는 다시 마음을 매우 굳게 먹었다.

《본생경》〈무희론품〉

자기 자신을 우습게 보지 말라. 사람은 자기가 자기를 어떻게 해
석하느냐에 따라 노예도 될 수 있고 영웅도 될 수 있는 것이다. 더러
과대망상에 빠진 사람들도 있지만, 스스로를 비하한 채 열등감에 시달
리는 경우가 훨씬 많은 듯하다.

성적을 비관하여 자살을 기도하는 학생 대부분은 객관적으로는
상위권 성적이다. 스스로가 왜소증 환자라며 병원을 찾는 사람들의 절
반 이상이 정상인이라는 보고도 있다. 또 서울 지역 여고생의 34%가
스스로 비만이라고 생각하고 있지만, 실제 비만에 해당하는 경우는
5.4%에 지나지 않는다고 한다. 적당하고 예쁜 몸매의 여성들 대부분
이 몸매에 대한 스트레스로 '167㎝, 49㎏'이란 별로 바람직하지도 않
은 저체중을 향하여 필요 이상의 시간과 노력, 그리고 돈까지 아낌없
이 쏟아붓고 있다.

자기 자신에 대한 만족은, 때로는 자신의 계발을 가로막는 달콤한 유혹이 되기도 하지만, 때로는 터무니없는 열등감이나 좌절에 빠지지 않게 하는 좋은 방패가 될 수도 있다.

　　사람은 독약 한 방울로도 죽을 수 있는 나약한 존재이지만, 사유 속에 전 우주를 통찰할 수도 있는 위대성을 함께 지닌 존재이다. 순간의 좌절로 가야 할 길, 충분히 갈 수 있는 길에서 벗어나지 말자. '꿈★은 이루어진다.' 우리에겐 그럴만 한 능력이 있고, 이렇듯 격려해주는 부처님이 계시지 아니한가.

7.
나는 젖먹이다

집을 나온 보루저가 외도는 길을 걸어오다가 존자 사리
불에게 물었다.

"어디서 오십니까?"

사리불은 대답하였다.

"세존의 설법을 듣고 오는 길이다."

"아직도 젖을 떼지 않았습니다 그려. 스승의 가르치는

설법을 듣고…."

"불씨여, 나는 아직 젖을 떼지 않아 스승님이 가르치시
는 설법을 듣는다."

"나는 벌써 젖을 떼어 스승의 가르치는 설법을 듣지 않
습니다."

사리불은 말하였다.

"너의 법은 나쁘게 설명된 법·율이요 나쁜 깨달음이
다. 그것은 번뇌를 떠나는 것이 아니요 바른 깨달음의
길이 아니다. 그것은 무너지는 법으로서 칭찬할 만한 법
이 아니요 의지할 만한 법이 아니다. 또 너의 스승은 다
옳게 깨달은 이가 아니다. 그러므로 너희들은 어느 새
젖을 버리고 스승의 가르치는 법을 떠난 것이다.

비유하면 젖소가 성질이 사납고 거칠고 미친데다 젖도
적으면, 송아지들은 젖을 빨다가 어느 새 버리고 떠나는
것과 같다. 너의 법은 나쁘게 설명된 법·율이요 나쁜
깨달음이다. 그것은 번뇌를 떠나는 것이 아니요 바른 깨
달음의 길이 아니다. 그것은 무너지는 법으로서 칭찬할
만한 법이 아니요 의지할 만한 법이 아니다. 또 너의 스

승은 바르게 깨달은 이가 아니다. 그러므로 너는 스승의
가르치는 법을 빨리 버린 것이다.

그러나 내가 지닌 법은 바른 법·율이요 좋은 깨달음이
며 번뇌를 벗어나는 바른 깨달음의 길이다. 그것은 무너
지지 않는 법으로서 칭찬할 만하고 의지할 만하다. 또
우리 스승님은 등정각이시다. 그러므로 우리는 그 젖을
오래도록 먹고 그 가르치는 설법을 듣는 것이다.

비유하면 젖소의 성질이 거칠지 않고 사납지 않으며, 또
젖이 많으면 송아지가 그 젖을 오래도록 먹어도 싫증을 내
지 않는 것과 같다. 우리 법도 그와 같아서, 그것은 바른
법·율이요, 가르치시는 설법을 오래도록 듣는 것이다."

《잡아함경》 974

불교에 대한 어느 정도의 지식이나 이해를 갖췄다고 스스로 자
만하여 경전의 법문을 소홀히 하는 경우가 많다. 그러나 이미 아라한
이 되어 '지혜제일' '법의 장수' 등으로 칭송받으며, 심지어는 부처님
을 대신하여 설법하는 경우도 종종 있었던 사리불 존자조차도 부처님

의 말씀 속에 여전히 머물고 있음을 알 수 있다.

　들은 것만 많고 수행은 따르지 않아 마치 '남의 소를 세는' 것과 같이 제 삶의 문제는 전혀 해결하지 못하는 경우도 있다. '자기'를 찾는 것이 불교인의 목표이고 '자기에게 의지하는' 태도를 어떤 종교보다도 강조하는 것이 불교이다. 불교를 언제까지나 '부처님의 가르침'으로서만 두는 것은 부처님의 바람도 아닐 것이다.

　불교를 자기 것으로 만들어야 함은 지극히 당연한 명제이지만, 그것이 '나만의 불교' 나아가 '제멋대로의 불교'를 창작하는 것이어서는 곤란하다. 그래서는 참다운 자신의 발견도 불가능할 뿐 아니라 불교 자체를 훼손하는 결과를 초래하여 다른 사람이 그 길을 걸어가고자 할 때도 심각한 장해 요인이 되기 때문이다.

　'자기에게 의지함'은 부처님이 돌아가실 때에도 잊지 않으셨던 말씀이다. 하지만 그 뒤에 곧바로 이어져 나오는 '법에 의지하라'는 당부 또한 지나쳐서는 안 될 것이다. 약간의 지견(知見)을 얻었다 하여 경전에 설파된 법(法)을 경시하거나, 그에 어긋난 언행까지 거침없이 하고 다닌다면, '자기만 아는 무법자(無法者)'와 다를 바 없을 것이다. 새는 좌우의 날개로 난다는 말이 있다. 불자는 '자기'와 '법'의 두 날개로 나는 것이다.

8.
내가 그 옷을 잡는다면

안거를 마치고 슈라바스티를 떠나고자 하는 부처님께 왕
을 비롯한 많은 사람들이 더 머무시기를 청했다. 부처님
이 그래도 떠나신다고 하자 슬퍼하는 수닷타 장자를 보고
그의 종 복리가는 자신이 부처님을 청하겠노라며 말했다.

모든 것을 아는 지혜에 머물러

마치 송아지를 생각하는 어미 소처럼
자비로서 자식들을 교화하시는
그 마음, 지침도 싫어함도 없으시네.

번뇌에 빠진 중생들을 구제하시고자
마치 어미 소가 송아지를 잃고서
도로 찾기 위해 애쓰는 듯 하시니
제가 대비하신 그 옷을 잡는다면
반드시 도로 계시게 할 수 있으리라.

부처님은 종족의 계급을 보지 않으시고
부귀나 용모, 재색의 좋고 나쁨도
다 취하지 않으시고
오직 뛰어난 믿음만을 보시는지라

선근(善根)이 이미 성숙된 중생을 보면
자비로서 구제하기 마련인즉
세가 이제 부처님을 만류한다면

온 나라의 모든 사람들이

다 함께 기뻐할 것입니다.

복리가를 만나 그 청을 들은 부처님은,

"멀리서 너의 마음을 관찰하기만 해도 마땅히 달려와야

할 것인데 이제 너의 몸을 직접 보고서야 차마 떠나갈

수 없노라" 하시며 머무셨다.

《대장엄론경》 제11권

'갈테면 가라지' 라며 잡지 않고 보내야 하는 사람이 있는가 하
면, '조금만 더 있다가 가지' 라며 간절히 청해야 하는 사람이 있다.

수닷타 장자는 기원정사를 건립하고 외로운 사람들을 잘 도와서
급고독장자로 널리 알려진 사람이다. 그는 부처님을 대하는 마음도 극
진하였고, 경제적으로도 교단에 기여한 바가 커서 부처님 당시의 재가
제자 가운데서도 둘째가라면 서러워할 정도였다.

우기(雨期)가 끝나자 부처님과 대중들이 다시 유행(遊行, 이리저리 다
니면서 법을 펴는 일)에 나서고자 했다. 배우고자 하는 사람이라면 누구나

스승과 조금이라도 더 많은 시간을 가지고자 할 것이다. 하지만 한 곳에 너무 오래 머물러서는 법이 널리 퍼질 수 없기에 부처님은 왕의 요청조차 뒤로 한 채 떠나겠노라 하셨다. 우기가 계속되는 석 달 내내 부처님을 가까이 모셨기에 사람들은 더 이상 부처님의 뜻을 거스를 수 없었을 것이다. 수닷타 장자 역시 아쉽고 슬픈 마음을 금할 수 없었지만, 왕조차도 잡지 못한 부처님을 자기의 힘으로 어떻게 잡을 수 있을까라는 생각이 들어서였던지 포기하고 만다.

그에겐 복리가라는 종이 있었는데, 매우 충직한 사람이었다. 그는 주인의 슬픔을 거두어주고자 부처님께 나아가 조금 더 머물러 달라는 청을 하겠다며 나섰다.

왕도 해내지 못했고, 자기 주인은 엄두도 못 내고 있는 일을 감히 하겠노라는 복리가의 자신감은 어디에서 비롯된 것일까?

그것은 '믿음'이었다. 복리가는 부처님에 대한 믿음이 있었던 것이다. 그의 믿음은, 깨달음을 완성하신 분으로서, 내가 귀의하고 가르침을 받아야 할 대상으로서의 부처님에 대한 믿음만이 아니었다. '나의 간절한 소망을 저버리지 않으실 부처님'에 대한 믿음이었다. 복리가에게 부처님은 '모든 중생의 스승'이기 이전에 '나의 부처님'이었던 것이다.

부처님은 복리가의 믿음을 실망시키지 않으셨고, 복리가는 주인이 슬픔으로부터 벗어나도록 하였다. 가장 천한 계급의 사람이었던 복리가조차도 부처님에 대하여 저렇듯 충만한 자신감을 가졌던 사실은, 부처님이 당시 사람들을 평등하게 대하셨을 뿐만 아니라 무척 친근하게 대하셨음을 알게 한다.

하지만 부처님이 복리가의 청을 차마 외면하지 못한 까닭은 바로 복리가 자신에게 있었다. '웃는 얼굴에 침 못 뱉는다'는 말처럼, 진정으로 자기를 믿는 사람의 그 마음을 저버리기는 어려운 일 아니겠는가. 간절한 마음으로 청하면 내 곁에 머물러 주실 분, 바로 '나의 부처님'이다.

9.

너에겐 나무, 나에겐 부처님

마왕이 우바국다 비구의 부탁을 들어 부처님이 살아 계
실 때의 장엄한 모습을 나타내자 우바국다는 '다만 부처
님이라는 생각만 할 뿐 마왕이라는 생각은 아니한다' 며
예배를 했다.

"나는 그대에게 예경한 것이 아니다. 마치 진흙이나 나
무로써 불상을 만들었을 때 온 세간의 하늘과 사람들이

다 함께 예경하는 것과 같음이니, 진흙이나 나무에 예경
하는 것이 아니고 부처님께 예경하려 하기 때문이라. 나
역시 부처님의 모습에 예경했을 뿐 그대 마왕의 형상에
예경한 것은 아니로다."

《대장엄론경》 제9권

불상을 보고 그 재질이 돌인지 쇠인지만 문제삼는 사람이 있다
면 그는 단지 예술가나 공학자일 뿐이다. 불자에게 불상은 부처님일
뿐이다. 그들이 불상에 예경할 때 그 재질이 돌이나 쇠임을 몰라서가
아니지 않은가.

푸른 하늘, 붉은 단풍은 시인에게는 찬미나 성찰의 대상이요, 과
학자에게는 관찰과 분석의 대상이요, 화가에게는 묘사의 대상일 것이
다. 어떤 사물이든지 그 사람의 마음이 무엇을 지향하고 있는가에 따
라 다르게 비치고, 그렇게 비치는 그대로 그 사람에게는 의미가 있을
뿐이다.

그러니 불상에 피어난 것이 우담바라이건 풀잠자리 알이건 예경
하는 자의 마음에 따라 우담바라도 될 수 있고, 풀잠자리 알도 될 수

있는 것이다. 신심 깊은 사람, 눈 밝은 사람은 길가의 돌멩이나 들풀에서도 부처님을 떠올릴 수 있는 법이다.

자기의 신념만이 유일하게 정당한 것이라는 고집은 진리를 가로막는 심각한 폐단을 초래한다. 하지만 객관적인 사실만을 가지고 우리 삶의 모든 것을 정의해야 한다면, 동화는 물론이며, '꽃이 인사하네'라는 표현조차도 이 세상에서 사라져야 할 것이다. 그런 세상은 얼마나 삭막할 것인가?

10
대왕의 소원

아난다는 물었다.

"장자여, 어떤 것이 전륜왕의 소원입니까?"

"존자 아난다시여, 마을의 가난한 사람은 이렇게 생각합

니다. '나는 이 마을에서 제일 가는 부자가 되었으면…'

하고. 이것이 곧 그의 소원입니다.

마을의 부자는 이렇게 생각합니다. '나는 이 고을에서

제일가는 부자가 되었으면…' 하고. 이것이 곧 그의 소원
입니다.

고을의 부자는 이렇게 생각합니다. '나는 이 성중에서
제일가는 부자가 되었으면…' 하고. 이것이 곧 그의 소원
입니다.

성중의 부자는 이렇게 생각합니다. '나는 이 성의 주인
이 되었으면…' 하고. 이것이 곧 그의 소원입니다.

성의 주인은 이렇게 생각합니다. '나는 이 나라의 정승
이 되었으면…' 하고. 이것이 그의 소원입니다.

나라의 정승은 이렇게 생각합니다. '나는 이 나라의 작은
왕이 되었으면…' 하고. 이것이 곧 그의 소원입니다.

작은 왕은 이렇게 생각합니다. '나는 전륜왕이 되었으
면…' 하고. 이것이 곧 그의 소원입니다.

전륜왕은 이렇게 생각합니다. '나는 수염과 머리를 깎고
가사를 입고, 지극한 믿음으로 집을 버리고 도를 배우는
사람이 되었으면…. 그래서 위없는 범행을 닦아 마치고,
현재에서 스스로 알고 스스로 깨닫고 성취하여 노닐며,
생이 이미 다하고 범행이 이미 서고 할 일을 마쳐, 다시는

후세의 생명을 받지 않는다는 참뜻을 알았으면…' 하고.
이것이 곧 그의 소원입니다.

 존자 아난다시여, 만일 내가 이렇게 베풀어 모든 재물
이 다 마르더라도 다만 내 소원이 이루어져 전륜성왕의
원과 같이 되었으면 합니다."

《중아함경》〈욱가장자경(郁伽長者經)〉

욕심은 자라는 것이다. 돈을 많이 벌면 그때 가서는 다른 사람들
을 돕겠다고 마음먹은 사람들의 대부분이, 막상 돈을 벌게 되면 그 돈
을 이용하여 또 더 많은 돈을 벌기 위한 궁리에만 몰두한다. 이는 돈을
번 그 사이에 욕심도 함께 자라났기 때문이다. 자신의 욕심을 채움으
로써 욕심을 멈추게 하려는 시도는, 그래서 거의 이루기가 어려운 시
도일 수밖에 없다.

하지만 그런 욕심을 삶의 에너지로 삼아 살아가는 범부들에게는
마냥 욕심을 버리라고만 할 수도 없는 노릇이다. 그래서 욱가장자는
이왕 욕심을 부릴 바에는 최고의 욕심을 부려야 하지 않겠느냐고 말하
고 있는 것이다.

니체는 모든 인간 욕망의 밑바닥엔 '권력에의 의지'가 있다고 하였다. 한때 우리나라를 대표하는 재벌 그룹의 회장도 대통령에 출마한 적이 있었지 않은가.

그러나 그런 세속적 욕망의 정점에 선 통일 제국의 제왕인 전륜 왕조차도 여전히 이루지 못한 욕망이 있음을 스스로 알고 있었다. 바로 죽고 싶지 않다는 바람이다. '개똥밭에 굴러도 이승이 낫다'는 말도 있거늘, 하물며 세속적 부귀영화의 꼭대기에 선 사람으로서 그 모든 영화가 끝나버리는 죽음이란 놈을 어찌 피하고 싶지 않을까? 불로초를 구해 영원히 살고 싶어 했던 진시황 이야기는 너무나도 유명하다.

인생의 가치는 그 인생이 어떤 가치를 지향했느냐에 따라 가늠할 수도 있다. 그렇다면 욱가장자는 비록 평범한 한 명의 부자에 지나지 않았던 사람이지만, 그의 소원은 제왕의 소원과 다를 바 없었고, 그 삶의 가치는 제왕의 권력을 넘어서는 것이었다.

제왕이 아니면서도 제왕의 꿈을 실현해 가는 존재, 욕망으로서 모든 욕망을 넘어가는 길은 바로 불자로서, 수행자로서 살아가는 것이다. 태자에게 왕위를 물려주고 왕비와 함께 출가하여 불도의 길에 여생을 바친 신라 진흥왕의 말년을 기억할 필요가 있다.

11.
<u>완전한 복수</u>

가전연 존자는 제자 사라나에게 말하였다.

"너는 이제 괴롭히고 해치려는 그 진심과 분노를 버릴지니, 만약 남을 괴롭히려면 나의 말을 들어 보아라. 일체 세간이 다 남을 해치고 괴롭히거늘 어찌 너마저 중생을 괴롭히고 해치려 하는가? 일체 중생이 다 염라대왕에 속해 있는 만큼 너와 나, 저 국왕이 오래지 않아 다 죽기

마련인데, 네가 이제 무엇 때문에 원가(怨家)를 죽이려 하는가? 일체의 살아있는 것은 마침내 다 죽어가거늘 네가 해칠 필요가 무엇인가?

태어나면 반드시 죽는 것은 의심할 여지가 없으니 마치 돋은 해가 반드시 지는 것과 같네. 죽음의 이치가 본래 그러할진대 무엇 때문에 가해할 것이며, 설령 네가 그를 가해한들 무슨 이익과 즐거움이 있으랴. 더구나 너는 계율을 지키는 자로서 남을 가해한다면 미래세에 반드시 한량 없는 고뇌의 무거운 과보를 받을 것이거늘 무엇 때문에 가해하려 하겠는가?

저 왕이 너를 구타했다 해서 네가 큰 분노를 일으킨다면 인과의 법에 비추어 현재에도 크게 괴롭고 미래세에 다시 괴로운 과보를 받을 것인즉, 먼저 상해를 당한 그 보복으로 다시 상대를 상해할 필요가 무엇인가? 만약 한 찰나라도 성내거나 미워함을 일으킨다면 몸과 마음을 괴롭히기만 하리라."

한편, 사라나는 아직 마음을 참지 못해 소리를 높여 말하였다.

"화상께서 하신 말씀은 진실로 그러합니다마는 이제 저의 마음이 돌과 같이 굳어져 물이 들어가지 않을 정도인지라, 제가 이 몸의 껍질이 터져 바깥으로 피가 흘러 있는 것을 보면 분노가 솟기만 합니다.

제가 그에게 무엇을 요청한 것도 아니고 그의 종도 아니고 품팔이도 아니고 백성도 아니며, 또 제가 도둑질한 것도 아니고 남을 모함한 것도 아니고 국왕을 어지럽히기 위해 싸운 것도 아니거늘, 무슨 허물이 있다 해서 이렇게 가해할 수 있겠습니까? 자기는 왕위에 있어 세력이 있는데 저는 빈궁하고 하천한 처지에 있어 깔보았기 때문입니다. 그렇지 않으면 제 스스로가 걸식하고 빈 숲 속에 앉아 있었거늘 어찌 함부로 상처를 냈습니까?

제가 그와 비교가 되었더라면 감히 가해하지 못했을 것이고 설령 가해했더라도 제가 마땅히 보복을 더하여 그가 잠을 편히 자지 못하게 하였겠지만, 제가 착한 사람인 탓으로 그런 모욕을 당한 것입니다. 제가 이제 보복함으로써 오늘의 고통보다 더한 과보를 받을지라도 무도한 자가 다시는 그렇게 나쁜 짓을 감히 못 하게 하려면 이대로 있을 수 없습니다.”

이렇게 말하고는 화상 앞에 길이 꿇어앉아 거듭 사뢰었다.

“제가 부득이 계율을 버려야 하겠습니다.”(하략)

《대장엄론경》 제12권

억울한 테러를 당한 사람의 마음 속에 일어나는 분노의 심정을 이렇게 잘 묘사할 수가 있을까? 인생의 행로를 바꾸어서라도, 설사 그 때문에 자신이 더 힘들어지는 결과를 초래한다 할지라도 복수를 하지 않을 수 없다는 사라나의 태도에 공감하지 않을 수 없다.

그러나 가전연 존자는 성자답게 ‘원한은 원한으로써 그치지 않는다’ 며 그런 인지상정의 마음에 제동을 걸고 있다. 사라나는 스승이 만류함에도 불구하고 복수를 하지 않을 수 없다고 결연히 말하지만, 우리는 이곳에서 가전연 존자가 알려주는 보다 완벽한 복수의 방법에 주목할 필요가 있지 않을까?

가전연은 상대방에게 자신이 겪은 것보다 훨씬 큰 고통을 겪게 하면서도 자기에게는 전혀 피해가 없는, ‘완전 복수’ 의 길을 제시하고 있다. 바로 그를 ‘그냥 놔두는 깃’ , 달리 말하면, ‘세월(무상)’ 에 맡기는 것이다. 세월, 혹은 '무상(無常)' 이란 이름의 하수인에게 그를 죽이게 한다고 해도 좋을 것이다.

그러니 어떤 사람이 정말 미워서 죽이고 싶은 생각까지 든다면, 제 손으로 그런 험한 일을 하여 후회하거나 창살에 갇히기 보다는, '세월' 에게 시키자. '세월' 은 믿을 만한 나의 종이라 자신에게 내려진 임무를 어김없이 완수한다. 내가 이 세상에서 사라진다고 해도 나의 명을 어기지 않고 자신의 할 일을 마치는 충직한 하수인인 것이다.

아무리 미워도, 그 역시 끝내는 아무것도 남기지 못한 채 사라져 버릴 가여운 존재인데 굳이 내가 나서서 손을 쓸 필요가 있겠는가?

'지독히 화가 날 때는 인생이 얼마나 허무한 것인지를 생각하라.' 아리스토텔레스가 남긴 금언이다.

12

걸레 같은 사람

존자 사리불은 여러 비구들에게 말했다.

"여러분, 나는 지금 당신들을 위하여 번뇌를 없애는 방법을 말하리라. 자세히 듣고 자세히 들어 그것을 잘 생각하라.

여러분, 어떤 사람은 몸의 행은 깨끗하지 않은데, 입의 행은 깨끗하다. 슬기로운 사람은 그것을 보고 비록 성내는 번뇌가 나더라도 마땅히 그 번뇌를 없애야 한다. 또 어떤 사람은 입의 행은 깨끗하지 않은데, 몸의 행은 깨끗하다. 슬기로운 사람은 그것을 보고 비록 성내는 번뇌가 나더라도 마땅히 그것을 없애야 한다. 그리고 어떤 사람은 몸의 행도 깨끗하지 않고 입의 행도 깨끗하지 않은데, 마음에 조금 깨끗한 것이 있다. 슬기로운 사람은 그것을 보고 비록 성내는 번뇌가 나더라도 마땅히 그것을 없애야 한다.

또 어떤 사람은 몸의 행도 깨끗하지 않고 입과 마음의 행도 깨끗하지 않다. 만일 슬기로운 사람이 그것을 보고 비록 성내는 번뇌가 나더라도 마땅히 그것을 없애야 한다. 그리고 여러분, 또 어떤 사람은 몸의 행도 깨끗하고 입과 마음의 행도 깨끗하다.

마치 아란냐카 비구(한적한 곳에서 수행하는 비구)가 분소의(糞掃衣)를 가지는 것과 같다. 똥무더기 가운데 버려진 헤어진 옷이 대변에 더럽혀졌고, 혹은 소변·눈물·침과 그 밖의 것에 더럽혀져 있을 때, 그는 그것을 본 뒤에는 왼손으로 잡고 오른손으로 펴 보아 만일 대변이나, 소변·눈물·침이나 그 밖에 더러운 것에 더럽혀져 있지 않은 부분이나, 또 뚫어지지 않은 부분이 있으면 곧 그것을 찢어 가진다.

이와 같이 여러분, 어떤 사람이 몸의 행은 깨끗하지 않으나, 입의 행이 깨끗하거든 그 몸의 깨끗하지 않은 행은 생각하지 말고, 다만 그 입의 깨끗한 행만을 생각하라. 슬기로운 사람은 그것을 보고 비록 성내는 번뇌가 나더라도 마땅히 이렇게 그것을 없애야 하느니라.

어떤 사람은 몸의 행도 깨끗하지 않고, 입과 마음의 행도 깨끗하지 않다. 슬기로운 사람은 그를 보고 곧 이렇게 생각하리라. '이 사람은 몸의 행도 깨끗하지 않고 입과 마음의 행도 깨끗하지 않다. 그러나 이 사람이 몸의 행도 깨끗하지 않고, 입과 마음의 행도 깨끗하지 않다고 해서 몸이 무너지고 목숨이 끝난 뒤에 악한 곳으로 가서 지옥에 나게 하지 말자. 만일 이 사람도 선지식을 만나면 몸의 깨끗하지 않은 행을 버리고 몸의 깨끗한 행을 닦고, 입과 뜻의 깨끗하지 않은 행을 버리고 입과 마음의 깨끗한 행을 닦을 것이다. 이렇게 하면 이 사람은 온몸의 깨끗한 행으로 인해 몸이 무너지고 목숨이 끝난 뒤에는 반드시 좋은 곳으로 가서 천상에 날 것이다'라고.

그 사람은 이 사람에 대해 지극히 가엾이 여기고 사랑하

게 생각하는 마음이 있는 것이다."

《중아함경》〈수유경(水喩經)〉

천 년 전에도 해가 떴고, 백 년 전에도 해가 떴고, 일 년 전에도,
한 달 전에도, 그리고 어제도 오늘도 해가 떴다고 해서 내일도 반드시
해가 뜬다는 말은, 심정적으로는 가능해도 확고하고 절대적인 판단은
아닌 것이다. 오늘까지 살아있다고 내일도 꼭 살아있는 것은 아니듯
이…. 흔히 말하는 귀납법의 한계이다.

사람은 어떤가? 십 년 전에도 악했고, 일 년 전에도 악했고, 어
제, 그리고 오늘도 악한 사람이라고 해서 내일도 악하리라는 것은, 현
실적으로 확률이 높기는 하겠지만 반드시 그러한 것은 아니다. 악업을
쌓아 온 그의 성향이 장애가 되어 선한 일을 하기가 쉽지 않겠지만, 원
천적으로 아예 불가능한 것은 아니기 때문이다. 사람의 마음은 하루에
도 열두 번씩 변한다고 하지 않는가.

그러기에 보살은 단 한 명의 중생을 교화하기 위해서 긴긴 생을

보낸다 하는 것이다. 쉽다면 수많은 생을 소비할 필요도 없는 것이고, 비록 어렵다 하더라도 가능하기 때문에 그런 말씀이 있는 것이다. 어려운 일과 불가능한 일은 분명히 다른 것이며, 가능성이 있다면 전체적으로 단정해 외면해서는 안 될 것이다. 나로 인하여 단 한 사람이라도 삶의 보람을 찾는다면 내 인생 또한 결코 헛된 것은 아니지 않겠는가.

걸레로 방을 닦아 본 적이 있는가? 닦다가 한쪽 면이 더러워졌다고 그 걸레를 버리는 사람은 없다. 깨끗한 면을 찾아 다시 닦고, 또 깨끗한 면을 찾아 닦고,… 그러다가 온통 더러워지면 빨아서 쓰는 것이 걸레다.

사람이 걸레만도 못 하다고는 아무도 생각하지 않을 것이다. 그에게 단 1%의 깨끗함이 있어도 그것을 애써 찾아 사람답게 살도록 도와줘야 하지 않을까? 온통 악에 물든 사람이라도, 걸레 빨듯이 그 마음을 씻어내어 새로운 길을 열어주어야 하지 않을까? 사람은 쓰레기가 아니다. 재생 불가능한 경우는 없다.

너무 이상적인, 비현실적이고 비효율적인 말이라고 들어 넘길지 모르지만, 곰곰이 생각해 보자. 아주 크지도 않은, 지나고 나면 정말 사소한 일들로 인해 우리는 얼마나 주변 사람들을 쉽게 욕하고 등지는지를….

13.
이 사람이 더 높아

우파사나는 말하였다.

"내게는 또 이상한 일이 있습니다. 이 집에는 무슨 신이 있는데 나와 매우 친하여, 마치 여자처럼 늘 오가고 있습니다. 내가 보시할 때에는 그 신은 내게 말합니다. '이분은 아라한이요 이분은 아나함이며 이분은 사다함이요 이분은 수다원이며 이분은 범부다. 이분은 계율을 가지고 이분은 계율을 범한다. 이분은 지혜롭고 이분은 어리석다' 라고.
나는 그 말을 듣지만 마음에는 차별이 없어 범부나 계율을
범한 이나 모두 아라한처럼 대우합니다."
사리불은 말하였다.
"당신이야말로 참으로 기특합니다. 능히 거기서 평등한
마음을 가지니."

《현우경》〈마하사나우바이품〉

　모임에 참석한 사람들과 인사를 나눌 때, 나를 보좌하는 사람이
옆에서 "이 사람은 회장님입니다" "이 사람은 부장입니다" "이 사람은
차장입니다" "이 사람은 며칠 전에 입사한 평사원입니다"라고 알려줄
때, 그 사람이 회장이니까 더욱 허리를 숙이며 공손하게 대하고, 신입
사원이니까 거만하게 스치듯 인사한다면, 그는 사람과 인사를 하는 것
이 아니라 직책과 인사하고 있는 것이다.
　회장님이나 지위가 높은 사람에게 잘 보이는 것이 출세엔 훨씬
도움이 될 수도 있겠지만, 그 사람의 지위에 상관없이 한결같은 마음
으로 인사하는 사람이 더욱 훌륭한 사람임에는 틀림없을 것이다. 십진

않겠지만 말이다.

보시는 누구에게나 행해야 하는 선행으로 불교에서 특히 중요시여기는 덕목이다. 그렇다고 그 과보가 일정한 것은 아니다. 보다 나은 사람에게 행하는 보시의 과보가 더 크다는 것이 불교의 입장이다. 그리고 '나은 사람'이란 '사람들의 행복을 위하여 깨달음을 구하며 정진하는 자'로 규정하고 있다. 그렇게 말하는 이유는 아마도, 그런 사람에게 행하는 보시는 그 사람을 도와 궁극적으로는 여러 사람에게까지 혜택이 미치기 때문이 아닐까 짐작된다.

그리하여 깨달음을 이룬 성자나 계율을 지키는 이, 혹은 열심히 정진하는 이에게 행하는 보시가 그렇지 않은 사람에게 보시하는 것보다 과보가 더 크다는 것이 경전의 일관된 입장이다. 우파사나를 따라다니며 사람들의 수준을 말해주는 신은 그런 사실을 알고 제 딴에는 우파사나를 생각해서, 같은 행위를 하더라도 더 큰 과보, 즉 이익을 얻기를 바라는 마음이 있었을 것이다. 그 마음은 충분히 이해된다.

그러나 더욱 고개가 숙여지는 쪽은 우파사나이다. 우파사나 역시 그와 같은 사실을 모를 리 없었겠지만, 보시하는 모든 사람을 아라한처럼 대우한다지 않는가. 아라한은 깨달음을 이루어 삶과 죽음을 초월한 성자를 일컫는 불교 용어이다. 따라서 아라한에게 행하는 보시는 다른 사람에게 행하는 보시와 비교해서 그 과보가 훨씬 크다고 말해야 할 것이다. 그런데도 우파사나는 심지어 계율을 범한 사람조차도 아라한을 대하듯이 지극한 마음으로 대한다고 하지 않는가?

그 사람의 실체를 모를 때에는 누구든지 조심스러운 마음으로 대할 수 있지만, 그 사람에 대한 정보를 가진 상태에서, 더구나 비난받을 만한 사람에게까지 공경하는 마음으로 대하는 것은 결코 쉬운 일이 아니다. 오히려 '너 같은 놈한테 이 아까운 것을 왜 주냐?' 는 마음이 일어나는 것이 인지상정이다.

사람의 가치를, 자신에게 돌아오는 이익의 크기와 비례해서 매기고, 그에 따라 사람들을 다르게 대하는 이기적인 마음을 멀리 떠나, 지금 자기 앞에 서 있는 사람을 최고의 경의로써 대한 우파사나. 그의 행위는 자기의 마음을 잘 다스려 항복받은 자에게만 가능한 것이다.

《법화경》에는, 만나는 모든 사람들을 향해 "나는 당신을 가벼이 여기지 않습니다. 당신은 부처님이 될 것이기 때문입니다"라고 말하여 상불경보살(常不輕菩薩)이라고 불리운 사람의 이야기가 있다. 상불경보살은 석가모니 부처님의 전생 시절의 한 모습으로 제시되어 인간 예배의 불교적 표상이 되고 있다. 이는 어쩌면 우파사나의 태도로부터 비롯된 존재기 아닐까?

14
내가 당신의 술을 마셨는가

옛날 부처님께서 제자들을 데리고 길을 가시다가, 술에 취한 사람 셋을 만나셨다.

한 사람은 풀 속으로 도망쳐 들어가고, 한 사람은 바로 앉아 제 따귀를 때리면서 '죄송스럽게 계율을 범했습니다' 라고 말하고, 또 한 사람은 일어나 춤을 추면서 '내가 부처님 술을 먹지 않았는데 무엇을 두려워하랴' 라고 하였다. 부처님은 아난다에게 말씀하셨다.

"풀 속으로 도망친 사람은 미륵이 부처가 될 때에 아라
한이 되어 해탈할 것이요, 바로 앉아 제 따귀를 친 사람
은 천 부처를 지나 최후의 부처가 나왔을 때에 아라한이
되어 해탈할 것이며, 일어나 춤을 춘 사람은 끝내 제도
되지 못할 것이다."

《구잡비유경》상권

사람 '인' 자 다섯 개를 써 놓고[ᄉᄉᄉᄉᄉᄉ] '사람이 사람이면 사람
이냐 사람다워야 사람이지' 라고 해석하는 것을 본 적이 있다. 문법적
으로는 성립할 수 없다. 그러나 그 이야기 속에는 그저 웃고 지나칠 수
만은 없는 중요한 시사가 있다. 사람이라고 다 같은 '사람' 이 아니라
는 것이다.

다른 짐승과 별로 다를 게 없는 생물학적인 사람을 도덕적 품성을
갖춘 '사람' 으로 되게 하는 요소를 바로 '사람다움' 이라고 한다. 태어난
그 상태, 즉 본능이 지배하는 상태에서 벗어나 도덕적 차원에서의 '사람
다움' 을 추구하는 과정이 없었다면, 인간의 지적 능력이 발달하면 발달

77

할수록 세상은 위태롭고 험악해지기만 했을 것이다. 그 똑똑함을 이용해서 남이야 어떻게 되든지 자신의 이익만 챙기려 했을 테니까 말이다. 그러니 '사람다움'은 단순한 개인적 차원의 덕목이 아니다. 우리 사회를 믿고 살만한 곳으로 만들어주는, 법률 이전의 규범인 것이다.

공자는 '사람다움'을 '어짊(仁)'으로 정의했다. 어질지 않으면 사람으로서의 품성을 갖추지 못한 것이고, 따라서 짐승과 다를 바 없다는 말이다. 어진 사람을 군자라 했거니와, 군자란 곧 사람다운 사람이다. 불교 경전에도 "선을 행하면 사람이요, 잔악하면 짐승"이라는 말씀이 나오는데, 도덕적 측면이 직접 드러나 있는 점에서 유교의 입장과 상통한다.

하지만 경전에서 인간만의 덕목으로 가장 많이 거론되는 요소는 '부끄러움'이다. 인(仁)이나 선(善)이 '타인을 위하는 마음이나 행위'로서 적극적이고 외부 지향적인 성격을 띠고 있음에 비해, '부끄러움'은 다분히 내향적인 성격을 띠고 있다고 할 수 있다.

아직 선을 행하지 못하는 사람일지라도 마음 속에 자신의 잘못이나 모자람에 대한 부끄러움은 충분히 가질 수 있다는 점에서, 부끄러움은 선보다 심층적인 동시에 보통 사람들에게도 자연스레 일어나는 폭넓은 마음이다. 그러므로 사람다움에 대한 불교적 입장은 유교보다는 관대하다고 볼 수 있다.

위에 나타난 세 명의 사람들 가운데, 술을 마시고 풀 속으로 도망쳐 들어간 사람과 제 따귀를 때리면서 "죄송스럽게 계율을 범했습니다"라고 말한 사람은 아마도 불자였을 것이다. 유교적인 입장에서는 반성한 사람만이 사람다운 사람이라고 인정될 수 있겠지만, 부처님은 오히려 풀 속으로 도망친 사람에게 더 후한 점수를 주고 있다. 언뜻 생각하면, 자신의 잘못을 즉시 깨달아 그 자리에서 제 따귀를 때리면서 참회한 사람이 훨씬 적극적이고 용기 있는 행동을 했다고 볼 수 있는데도….

우리는 여기에서 '부끄러움'을 느끼는 마음에 대해 부처님이 부여하는 가치가 얼마나 큰지를 짐작할 수 있다. 풀 속으로 도망친 사람은 차마 그 자리에서 부처님의 얼굴조차 마주 할 수 없을 만큼의 깊은 부끄러움을 느꼈다고 보셨기에, 그 마음의 절실함과 진정함에 큰 의미를 두신 것은 아닐까?

그러니 "내가 술 마시는데 당신이 뭐 보태준 거 있냐?"라는 태도로 도리어 큰소리치고 있는 세 번째 사람, 즉 취한 자신의 모습을 부끄러워할 줄 모르는 사람에 대해 고개를 저으시는 건 지극히 당연하다. 어쩌면 그런 뻔뻔스러움도 자신의 잘못을 감추고 싶은 부끄러움 때문에 일부러 보이는 행동일 수도 있겠지만, 상황을 무조건 긍정적으로만 해석하는 것도 사실을 왜곡할 수 있으므로 일단은 보이는 그대로 이해해야 할 것이다.

일말의 부끄러움조차 없이 마음이 그릇되게 굳어진 사람들은 부처님도 구제할 수 없다고 하신 말씀에서, 언뜻 그런 사람은 불교가 버린다는 것으로 볼 수 있다. 하지만 조금만 생각해 보면 그 사람은 불교가 버리는 것이 아니라, 스스로가 불교를 등지는 것이다. 사람은 누구나 자기 인생의 주인으로서 스스로 불교를 등질 수도 있고 스스로 불교로 들어올 수도 있는 존재이기 때문이다. 인간의 삶이 신(神)이나 운명에 의해 지배되거나 좌우되는 종속적 존재가 아니라는 것은 다른 종교와 불교가 확연히 구별되는 불교의 근본적인 입장이다. 불교가 사람들에게 부처님이 아닌 '자기 자신'을 찾으라고 강조하는 점을 상기할 필요가 있다. 물론 단 한 사람의 마음을 돌리기 위해서라도 무수한 세월을 노력하고 또 노력하여 끝내는 그런 사람들까지 남김없이 구원하고자 하는 것이 불교의 마지막 이상이지만 말이다.

어쨌거나 위의 일화에서 우리는 비록 악행을 저질렀다 해도, 자기의 마음 속을 들여다보아 그래도 부끄러움이 남아 있다면 아직은 자신을 포기해서는 안 된다는 사실을 알게 된다. 물론 부끄러움은 부족함이나 잘못을 전제로 한다. 하지만 그와 동시에 '부끄러움'은 곧 '희망'인 것이다.

　하늘을 우러러 한 점 부끄럼이 없기를 바라는 마음은 참으로 고결하다. 특정한 일에서는 한 점 부끄러움도 없을 수 있지만, 때때로 "내 인생을 돌아봄에 일말의 부끄러움도 없다"고 자부하는 사람을 보면 정말 대단하다는 감탄과 함께, 과연 그럴 수 있을까 하는 의문이 생긴다. 그만큼 그런 삶은 이루기가 어렵기 때문이다. 한 점 부끄럼이 없는 삶은 우리의 목적이 될 만하다.

　그러나 이제 한편으로 우리는, '고개를 숙여 부끄러움을 알기'를 기도할 필요도 있다. 자기의 부족함과 허물을 아는 것이야말로 자신의 완성과 세상의 행복을 실현하는 출발점이요, 교만에서 벗어나 끊임없는 탁마와 정진에 나아가게 하는 밑거름이 되기 때문이다. 또한 자신의 모자람을 아는 사람이라야 타인에 대해서도 보다 관대해질 수도 있을 것이다.

　위대한 지혜와 가없는 자비로써 중생을 거두는 저 문수보살이나 관세음보살처럼 이미 완성되어 귀의의 대상이 되는 고원한 존재가 아닌, 지금 이 현실 속에서의 보살은 그렇듯 '부끄러움'을 알고 정진하여 타인의 허물을 잘 받아주는 이가 아닐까 한다.

제2장

먼저 간 발걸음은
뒤따르는 자의 본보기가 되니

1.

먼저 간 발걸음은
뒤따르는 자의 본보기가 되니

담정(曇靖)이란 스님이 있었는데 부처님의 지혜를 얻었다
고 하면서 예전에 번역한 여러 경전을 모두 불태우고 물
에 흘려 보냈으니 인간세계에서 도를 권유함에 있어 기
준 삼고 증빙할 만한 인연이 없어져버렸다.

《속고승전》〈석담요전〉

'불교' 하면, 누구나 '절'을 쉽게 떠올리고, 공부를 좀 했다는 사람들은 '해탈'이나 '열반'이란 말을 자주 언급한다. 그런데 '해탈'이나 '열반'이란 말은 '개인적인 성취'라는 뉘앙스로만 이해되기 쉽다. 우리나라의 경우 조선시대 500여 년 간 이어진 불교탄압 때문에 절이 깊은 산 속에 자리하였는데, 이때문에 절이 고요와 은둔의 공간으로만 이야기되는 경우가 많다.

그런 인식은 불교의 온전한 취지와 모습을 심하게 왜곡하고 있는 것이다. 즉 불교의 사회적인 관심이나 중생구제의 영역을 담아내지 못하고 있다는 것이다. 더구나 불교의 참된 정신이 구현되어 있다고 할 수 있는 대승불교의 경우엔 해탈이나 열반보다 깨달음의 완성과 중생구제가 불교 본원의 목적으로 명백하게 천명되어 있다.

그 사람들을 가르쳐 구제하고자 할 때, 교과서처럼 기본적인 도구가 되는 것이 경전임은 두 말할 나위가 없다.

그런데 불교의 역사, 특히 중국의 경우를 살펴보면, 담정 스님처럼 경전을 불태우거나 버리는 경우를 종종 접하게 된다. 그 까닭은 물론 충분히 짐작된다. 이미 공부를 마친 사람에게 공부 과정에나 필요한 책이 더 이상 무슨 필요가 있겠는가? 강을 건넌 사람은 뗏목을 버려야 하듯이 경전을 버렸으리라. 불교의 진리는 언어의 세계를 아득히

초월한 것이기에 문자에 집착하지 말라는 의미도 있을 것이다. 밖에 있는 대상이 아닌 자신의 내면을 직시하여야 진정한 깨달음의 길이 열린다는 뜻도 담고 있을 수 있다.

하지만 어떤 이유에서건 그와 같은 행위가 오늘날 불교에 대한 일반적인 이해를 개인적인 수행의 길로만 한정하는 데 영향을 주었다. 경전을 불태워버리면 무엇으로 사람들에게 불교를 가르친단 말인가? 곧장 마음공부로 들어서게 할 수도 있겠지만, 담정 스님 자신도 경전을 불태워도 마음에 의혹이 없는 경지에 이르기까지엔 경전이 필요하지 않았던가.

경전이 더 이상 필요 없을 만큼의 높은 지혜를 성취한 담정 스님은 당연히 존중받아 마땅한 수행자요, 각자(覺者)이리라. 하지만 공부하는 과정에 있는 사람들에게 제멋대로 일어났다 사라지는 수많은 생각들의 옳고 그름을 비추어 바로잡을 수 있는 중요한 준거가 되는 경전에 대하여 혹여 가벼이 여기는 마음을 들게 한, 바람직하지 않은 결과를 가져오게 하지는 않았을까? 먼저 간 자의 행위는 뒤따르는 사람들에겐 본보기가 된다. 후대까지 배려하는 마음을 잊지 말자.

2.
내면으로의 여행

나련야사(那連耶舍)는 일찍이 죽원사(竹園寺)에 한 번 머문 인연으로 그곳에 10년 동안 있으면서 승방을 두루 다니며 덕 있는 스님들과 만나게 되었다. 그때 한 존자가 있었는데 사람의 기연에 밝은 사람이었다. 그가 나련야사를 보고 말하였다.

"만약 그대가 고요히 도를 닦을 수만 있다면 성인의 과

보를 얻게 될 것이나, 그대가 사방으로 유람하다 끝내
아무것도 이루지 못할까 두렵습니다."
그 날 그가 비록 이 말을 듣기는 했지만 마음 속에 깨닫
는 바는 없었다. 그러나 말년에 와서야 문득 이 말이 생
각났으니 후회한들 무슨 소용이 있었겠는가?

《속고승전》〈나련야사(那連耶舍)전〉

여러 곳을 다니면서 견문을 넓히는 일은 내면의 깊이를 더하고
편협한 안목에서 벗어날 수 있는 좋은 길이다. 지구 전체가 하나의 마
을처럼 가까워지고 세계 어느 곳에 있는 사람과도 곧 바로 연결되어
의사를 소통할 수 있는 요즘 시대에 자기 마음 속만 들여다보고 앉아
있는 태도는 그리 바람직하지 못하다고 여겨질 수 있다.

그러나 바깥의 풍광에만 관심을 쏟고 자기와의 대화를 소홀히
한다면 그 역시 한평생 남의 뒤만 좇다가 죽어버리고 마는 허망함을
맛보게 될 것이다. 세상이 아무리 바뀌어도 자기는 온 우주에 유일한
존재이다. 아바타를 꾸미고 사이버 공간에서의 또 다른 내가 아무리
폭넓은 활동의 주체가 된다 하여도 그들은 끝내 모두 그림자와 같은

존재일 수밖에 없는 것이다.

　따라서 때로 진정한 나로 착각되기도 하는 '가상의 나'는 '보고 듣고 느끼고 생각하며 또 무언가를 바라는' 실제적인 나의 문제를 해결해줄 수는 없다. 따라서 자기 밖의 세계나 자기 밖의 자기에 기울이는 관심 못지않게 자기 안의 자기에 대한 탐구를 병행하지 않으면 안 될 것이다.

　공자는 "생각만 하고 듣지 않으면 어둡고, 듣기만 하고 생각하지 않으면 위태롭다" 하였다. 고려시대의 대각국사 의천 스님 또한 "안과 밖을 함께 갖추어야 한다"라고 하였다. 바깥으로의 활동이 갈수록 중요시되어 가는 시대적 흐름을 거스를 수는 없지만, 때로 혼자만의 시간을 마련해 안으로의 여행도 고요히 떠나볼 필요가 있다.

3.
사람의 길, 귀신의 길

사람의 길은 거칠고 험하였고 귀신의 길은 편하게 갈 수
있었기에, 길 가는 나그네는 마음이 헷갈려 흔히 귀신의
길을 찾아들었다. 귀신의 길로 들어간 사람들은 모두가
귀신에게 잡아먹히고 말았다.

《속고승전》〈나련야사(那連耶舍)전〉

이 짤막한 이야기는 최소한 두 가지 이치를 깨우쳐주고 있다.

첫째, 사람답게 사는 길은 걸어가기가 쉽진 않지만 끝내 자신을 편안케 하며, 좀 편하게 갈 수 있다고 사람으로서의 길을 포기하면 끝내 파멸하고 만다는 것이다. 이는 윤리적인 태도에 대한 것이라 할 수 있다.

둘째, 종교적인 측면이다. 신에게 의지하거나 귀신의 힘을 빌려 목적을 이루려 함은 어려운 일 앞에 선 사람들이 쉽게 선택할 수 있는 방법이다. 하지만 보람과 기쁨은 스스로의 노력으로 힘든 일을 이겨냈을 때 비로소 안겨지는 선물이다. 그 선물은 하늘에서 떨어지는 것도 땅에서 솟아나는 것도 아니며, 운명으로 미리 정해진 것도, 어쩌다 보니 재수 좋게 생기는 것도 아니다. 만일 그렇다면 사람은 굳이 어떤 일을 이루려고 노력할 필요도 없다.

귀신에게 삶의 길을 맡긴 사람이 스스로 노력하여 무언가를 이루려 한다면 이미 스스로 모순을 범하고 있다고 말할 수밖에 없다. 그는 인생관은 인생관대로, 행동은 행동대로 서로 어긋난 인생을 살고 있는 것이다.

그런데 귀신과 같은 존재는 과연 있기나 한 것일까? 본 사람이 있다고도 하고, 심지어 대화를 나눈 사람도 있다고 하지만, 그런 광경을 목격한 사람이 없다는 점이 그 객관성을 의심하게 한다.

신학자와 철학자가 그 문제를 놓고 설전을 벌이던 중, 신학자가 말했다.

　　"당신은 아무것도 보이지 않는 깜깜한 방에서 검은 고양이를 찾으려 하는 사람과 같소."

검은 고양이가 있지만, 여건이나 능력이 미흡해 안 보이는 것이고, 찾으려 해도 너무 힘들어 결국 '없다'는 결론을 내리게 된다는 비유이다.

그러자 철학자는 이렇게 응수했다.

　　"당신은 아무것도 없는 깜깜한 방에서 검은 고양이를 찾았다는 사람과 같소."

4

세계를 살자

부처님을 숭상하는 것을 업으로 삼는 사람이 불(佛)이란 글자의 근원을 찾는 일을 부끄러워하고, 부처님의 법을 이어가는 것을 대종(大宗)으로 삼으면서도 부처님 말씀의 취지를 찾는 일은 부끄러워하며, 공연히 경이 쓰여진 나뭇잎만 쳐다보되 공경하거나 우러러보지 아니하고, 어쩌다 인도 스님을 만나면 으레 오만한 마음이 생겨 업신

여기고, 근본에서 물러나 말단만 추구하고 있으니 어찌
슬프고 가소로운 일이 아니겠는가?
천지 운수가 장차 쇠한다 하여도 이 법은 이어지게 될 것
인데, 이런 방법으로 이어간다면 참으로 슬픈 일이로다.

《속고승전》〈석언종(釋彦琮)전〉

　　예로부터 중국 사람들은 자기 민족이나 문화에 대한 자부심이
강해 그것은 다른 민족이나 문화를 업신여기는 형태로 나타났다. 자신
들을 가리켜 문화가 꽃핀 세계의 중심, 즉 중화(中華)라 일컫고 주변의
민족에 대해서는 동이 · 서융 · 남만 · 북적 등 하나같이 오랑캐라고
표현할 것만 보아도 그런 사실을 쉽게 알아차릴 수가 있다.
　　그와 같은 자국문화 우월주의는 지구촌 시대, 세계화 시대를 살
아가는 현대인들이 반드시 버려야만 할 기본적인 태도이다. 어떤 문화
이건 그런 문화의 성립엔 나름대로의 지리적, 역사적인 배경이 있으
며, 따라서 특정한 관점에서 다른 문화를 일방적으로 비교, 평가하는
행위는 객관적 타당성이 없는 독선에 불과하기 때문이다.
　　프랑스의 세계적인 여배우였던 카뜨린느 드누브, 이제는 동물 애

호 운동에 앞장서고 있는 그가 우리나라 사람들이 개고기를 즐겨 먹는다며 격렬하게 비난하여 한동안 언론이 시끌시끌했던 적이 있었다. 그 역시 다른 문화에 대한 이해 부족과 함께 자국문화를 모든 문화의 절대적 기준으로 고집한 결과라 할 수 있다.

물론 모든 문화가 동등한 가치를 지닌다는 태도도 바람직하다고 볼 수는 없다. 나치즘 신봉자들의 문화와 '국경 없는 의사회'와 같은 모임의 문화가 결코 동등한 가치로 인정받을 수 없는 것처럼, 어떤 민족이나 나라의 문화는 인류나 뭇 생명의 번영에 도움을 주지만, 제국주의적 문화는 다른 민족이나 나라를 침략하여 극심한 고통에 빠지게 하기 때문이다.

따라서 어떤 문화의 질을 굳이 가늠하고자 한다면, 이 문화가 저 문화보다 더 '화려하다' '보기 좋다' '편리하다' '영향력이 강하다'와 같은 외형적 측면이 아닌, 인류의 행복과 생명의 공영에 어느 만큼 기여하느냐가 기준이 되어야 할 것이다.

중국 사람들이 인도의 스님들을 보고 한족(漢族)이 아니라 하여 업신여기고, 경전의 문자가 한어(漢語)가 아니라 하여 가벼이 여긴다면, 불교의 홍포는 물론 중국문화의 발전도 기대할 수 없다. 언종 스님은 그런 결과를 우려하셨던 것이다.

물론 언종 스님의 우려와는 달리 중국은 인도불교와는 또 다른 중국적인 불교문화를 찬란하게 꽃피웠다. 그 원동력이 방대한 불경의 한어 번역 작업이었음은 널리 알려진 사실이거니와, 어쩌면 아이러니컬하게도 '우리의 말과 글이 최고다' 라는 중국 사람들의 강한 문화적 자부심이 그런 엄청난 일을 이뤄낸 또 하나의 요인이었을지도 모르겠다.

5

경부선은 부산으로, 호남선은 목포로

"불교와 도교의 가르침은 그 근본에 있어서 하늘과 땅만
큼의 차이가 있다. 어떻게 부처님의 말씀을 도용하여 그
것이 도교의 내용과 상통하다 하는가? 궁극적으로 뜻을
밝혀 해석하면 본래 출처가 나온 곳이 없다. 어찌 비유
의 말로, 극치로 통하는 이론을 이룰 수 있겠는가?"

《속고승전》〈대자은사 석현장(釋玄奘)전〉

"불교나 기독교, 유교 모두 성인들이 하신 말씀들인데, 다 같은 거 아니겠어요? 불교에서 말하는 자비나 기독교에서 말하는 사랑이나, 유교에서 말하는 인(仁)이나 실제로는 다른 사람을 사랑하라는 거 잖아요? 올라가는 길이 달라서 그렇지 올라가 보면 그 다른 길들이 모두 산꼭대기로 이어져 있다는 것을 알게 되죠. 진리는 하나인데 거기에 가는 길만 다를 뿐이라고요. 그것도 모르고 소위 종교인이라는 사람들이 다른 사람의 모범은 못 될지언정 네가 옳으니 내가 옳으니 싸우고만 있으니 한심하기 그지없는 노릇이죠. 서로 존중하며 화목하게 지내라는 게 석가모니나 예수, 공자의 진정한 뜻 아니겠어요?"

주변에서 흔히 듣는 이런 말엔 대부분의 사람들이 공감을 표한다. 사실 그 말의 취지는 다른 종교를 부정하거나 비난하고 심지어 싸우거나 억압하는 일부 종교, 종교인들이 귀를 기울여 반성해야 할 내용도 담고 있다.

이와 같은 입장은 동서고금을 막론하고 서로 다른 종교사상이 공존하는 곳에서는 그 대립을 융화시키는 하나의 처방으로서 제기되어 왔다. 종교적인 반목과 투쟁이 인류사에 남긴 비인간적 행위와 문화유산 파괴의 참담한 폐해와 더불어 화합의 시대가 낳은 찬란한 문화를 살펴볼 때 그런 입장의 긍정적 기능은 높이 평가받아야 할 것이다. 최

근에 기독교계로부터 시작되어 폭넓게 진행되고 있는 종교 다원주의에 대한 논의는 그런 차원에서 경청할 만한 가치가 있는 것이다.

하지만 한편으로, 모든 종교 사상을 동등한 내용과 가치로 인정하는 그와 같은 입장이 혹 진지한 성찰의 결핍이나 엄격한 자기반성의 회피로 인한 결과물은 아닐까 성찰해 볼 필요도 있다. 과학의 꾸준하고도 신뢰할 만한 발전이, 보다 완전한 진리를 찾아내기 위해 서로 다른 과학적 이론들 사이에 오고 간 끊임없는 비판과 경쟁의 산물임은 부정할 수 없다. 그러므로 무턱대고 '모든 것이 똑같은 진리'라는 입장은 경솔하고 무책임할 뿐만 아니라 지극히 교만하고 무익한 태도일 수도 있다. 나아가 진리 탐구를 위한 진지한 논의를 귀찮아하거나 두려워하여 현실에 안주하고자 하는 지극히 비종교적인 자세라는 비난도 충분히 가능하다.

부처님 당시의 어떤 외도(外道: 불교 이외의 다른 종교, 또는 그것을 따르는 자)는 "불교나 우리 종교나 다 '사랑'을 말한다. 그러니 우리 둘 사이엔 차이가 없다"고 하였다가 부처님으로부터 "그 내면을 살펴보면 전혀 그렇지 않다"는 지적을 받고 있다. 같은 것은 같은 것이고, 다른 것은 다른 것이다. 모든 것을 다 다르다고만 주장하며 대립하는 것이 보기 좋은 모습만은 아니듯이, 모든 것을 다 같다고만 단정해버리는 태도

또한 진실을 덮거나 왜곡하는 위험에서 자유로울 수 없는 것이다.

　　중국의 경우처럼 우리 역사 속에서도 '유교 · 불교 · 도교는 하나'라는 입장이 시대 상황에 따라 여러 종교인에 의해 종종 제기되었다. 그런 경우도 현실의 필요나 자기의 입장에 따라 제 입맛에 맞게만 해석할 것이 아니라 신중히 그 허실을 검토해 볼 필요가 있는 것이다.

　　사실 '모든 종교는 하나'라고 감히 말할 수 있으려면, 각 종교의 궁극에까지 직접 가보지 않으면 안 될 것이다. 물론 '모든 종교는 다르다'라고 말하려 해도 마찬가지겠지만, 최소한 전해지고 있는 세계관이나 신행의 방법에서 뚜렷한 차이가 있다는 것을 부정할 수 없다.

　　산꼭대기와 그에 이르는 길의 비유는 상당히 그럴듯해 보이지만 말 그대로 그것은 비유일 뿐, 사실에 대한 증거로는 아무런 효력이 없는 것이다. 만일 비유로써 자기의 주장이 사실임을 입증하려고 한다면, '경부선을 타면 서울 혹은 부산으로 가고 호남선을 타면 광주로 가듯이, 가는 길이 다르면 닿는 곳도 다르다'는 비유는 또 어찌할 것인가.

　　같은 상황에 대한 서로 다른 비유나 속담은 수도 없이 많다. '가까운 남이 먼 일가보다 낫다'는 말이 있는가 하면 '피는 물보다 진하다'고 한다. '쥐구멍에도 볕들 날 있다'는 희망은 '모래가 싹 나느냐

는 말로 무색해지기도 한다. '눈에서 멀어지면 마음에서도 멀어진다'
해도 '마음이 지척이면 천리도 지척'이라며 위로하기도 하지 않는가.
우리의 삶과 진리는 일상의 한두 가지 비유로 담아버리기엔 너무 크고
깊지 않겠는가.

　　음식은 우리를 살아가게 하지만 어떤 음식은 몸과 정신을 맑게
해주는가 하면 어떤 음식은 오래 먹다 보면 비만을 유발하고 건강을
해치기도 하는 것이다. 좋은 음식을 먹듯이 건강한 종교를 삶의 좌표
로 삼아야 할 것이다.

6.
나, 그 사람 알아

어느 날, 황제는 밤에 사문 혜허(慧詡)를 만난 일이 있었다. 그리하여 훗날 이로 인하여 법회를 열 것을 계획하게 되었다. 이때 승천이 혜허에게 묻기를 "어전(御前)에서 밤에 무슨 말을 하였는가?"라고 하니 혜허가 말하기를 "그대는 왜 홀연히 이 일을 묻는가?"라고 하면서 말투가 공손치 않았다.

이에 승천이 소리 높여 말하기를 "나와 그대는 다 같이 서쪽 고을에서 와서 함께 스님이 되었다. 그대는 한때의 요행으로 황제의 접대를 받았다고 해서 곧 도반들을 능가하고자 하는가? 나는 오직 부처님을 섬길 뿐 그대 같은 무리 보기를 하잘것없는 인간으로 여긴다"라고 하였다. 이때 그 자리에 가득한 여러 사람 가운데서 혜허는 부끄러워하며 곧 태도를 고쳐 반성하는 기색이 있었다.

《속고승전》〈석승천(釋僧遷)전〉

사람들은 흔히 말한다. '우리 아버지는 이렇게 훌륭하다' '나는 누구누구와 친하다' '난 저 사람하고 밥도 같이 먹은 적이 있어' '우리 집에 오면 그 사람하고 찍은 사진도 있지' 등등….

그런 말 속에는 그렇게 힘있고 높은 사람과 어떤 관계를 맺고 있는 자신에 대한 자부심이나 과시욕이 자리 잡고 있다. 어떤 사람과 어떤 관계를 유지하고 있는가 하는 문제는 분명히 그 사람의 삶에 큰 영향을 끼친다. 그래서 사람들은 보다 바람직한 관계를 형성하고자 노력하는 것이다. '미당발' 이니 '인적(人的) 네트워크' 니 하는 말도 그런 관계 형성의 중요성을 나타내고 있다.

　　하지만 그런 관계 속에서 자신이 주체적인 입장이 아니라 단지 종속되어있는 입장이라면 어떠할까? 아무리 위세 높은 '빽' 을 두고 있어도 결국 그는 그요, 나는 나일 뿐이다. 자신을 보호해주고 일을 쉽게 이루도록 도와주는 그 사람 아래서 잠시의 편안함이나 자부심은 느낄 수 있다. 그 위세를 업고 큰소리치며 살아갈 수도 있다.

　　하지만 그곳에 진정한 '나' 는 없다. 내 곁에 다가와 웃는 얼굴로 듣기 좋은 말을 하는 사람들도 사실은 나를 보는 것이 아니라 내 뒤의 '그' 를 보고 있을 뿐이다. 그의 영향력이 클수록 자신은 더욱 왜소하게 느껴질 수도 있고, 혹 그 '빽' 이 변심하여 자기를 외면하지나 않을까 전전긍긍하며 항상 그의 눈치를 살피는 비굴함마저 습관화될 수도 있다.

　　불자는 인생이란 들판을 두려움 없이 홀로 거니는 사자와 같아야 한다. 바른 길을 추구하는 사람들을 더없이 귀하게 보아 항상 겸손하여야 한다. 혹 역량이 있어 남다른 인간관계를 맺고 있다면, 오로지 타인의 행복을 위한 도구로 선용해야 할 것이다.

7.
안 만나줘서 기쁩니다

승민은 지금은 비록 이름이 알려져 존중받고 있지만, 영예와 세도를 아름답게 여기지 않고 한가하게 한 칸 방에 거처하면서 세도 있는 사람들과 접촉하는 일이 드물었기에 많은 사람들이 이를 한스럽게 여겼다. 오직 오군(吳郡)의 육수(陸倕)만은 박학하여 이름과 벼슬이 모두 드러난 사람인네도 일찍부터 스님을 숭배하고 예로써 공경

하였으며, 승민도 역시 친밀하게 지내며 서로 큰 그릇이
라 존중하였다. 당시 그는 태자중서빈종(太子中庶(賓從))의
벼슬에 있었다.

어느 날, 그가 승방을 찾았으나 승민은 병을 핑계로 만
나지 않았다. 그러자 육수는 흐뭇해하며 말하기를 "이는
참으로 제자도 바라던 바입니다"라고 하니, 사람들이 모
두 육수의 대덕(大德)을 사랑함을 추앙하였고, 더욱 승민
(僧旻)이 세상의 권력 있는 사람에 나아가지 않음을 중히
여겼다.

《속고승전》〈석승민(釋僧旻)전〉

고결한 성정과 인품을 지닌 사람의 이름이 길이 알려져 많은 사
람들의 귀감이 되자면, 그를 이해하고 선양하는 사람이 있지 않으면
아니 된다. 오늘날의 그리스도교는 예수 자신만의 성취가 아니다. 베
드로나 바울과 같은 그의 제자들이 평생을 기울여 전도한 결과이다.
지금의 그리스도교를 '바울의 종교'라고 말하는 신학자도 허다하지
않은가.

불교 역시 마찬가지이다. 일 년 열두 달 중, 극심한 우기 석 달을 제외한 나머지 아홉 달 내내 온갖 어려움을 감내하며 전도의 길에 정열을 쏟은 부처님과 수많은 제자들이 아니었고, 그들을 존숭하며 물심양면의 후원을 아끼지 않았던 당대와 후대의 유명 무명의 불자들이 아니었던들, 오늘날의 불교가 있을 수 있었을까?

육수가, 일부러 자기를 만나지 않는 승민 스님을 괘씸하게 여겨 비방하거나 괴롭히기만 했다면 승민 스님의 명성과 교화가 그처럼 널리 퍼질 수 있었을까? 어쩌면 무안했을지도 모를 자신의 처지를 동정하지 않고 오히려 승민 스님의 고결한 기상에 흐뭇해하는 육수를 만났음은, 승민 스님은 물론 우리들의 복됨이라 아니할 수 없을 것이다.

진리는 스스로 퍼지지 못한다. 진리는 진리를 추구하고 존중하는 사람에 의해서만 드러나며 또 퍼져가는 것이다.

8.
큰 일은 작고, 작은 일은 크다

제자들이 승민에게 물었다.

"큰스님이 닦은 공덕은 참으로 많으나 한 번도 큰 재(齋)
를 연 일이 없으니, 혹 복덕을 짓는 일이 원만하지 못할
까 두렵습니다"

승민이 말하였다.

"큰 재(齋)로 인해 한때 얻어지는 이로움이 있다. 그러나

내가 생각하기에 사람의 힘은 적고 모자라며 이치대로 다기가 어렵다. 또한 쌀과 채소·장·초·땔나무·물 등으로 음식을 끓이면서 나오는 재를 밟고 다니거나 더러운 것을 불태우게 되면 미세한 벌레들을 해치고 상하게 되는데, 그 수를 어찌 헤아릴 수 있겠느냐? 이런 일이 있을까 염려되어 큰 재(齋)를 열지 못하고 있는 것이다."

또 "그것을 시작하려면 왕관(王官)이나 관청, 세도 있는 집에 기탁하여 원조를 청하여야 하는데, 부리는 심부름꾼이 비록 많다고 하더라도 뜻대로 하기는 매우 어렵다. 비근한 식견으로 볼 것 같으면, 이것에 기대서 깨달음을 연다고 할지 모르나, 지혜 있는 사람이 참모습을 들여다 본다면 명예를 구한다는 비평이 있게 된다. 또 스님들과 재가자들에게 요청해서 이른 새벽에 오도록 하였는데, 만약 한마음이 되어 오지 않을 경우 평소의 마음에 어긋나는 감정이 있게 된다. 그런데 만약 이런 마음을 조금이라도 말로 표현하면 오히려 비난과 비웃음거리가 될 것이다. 그런 까닭에 나는 큰 재를 열지 않는 것이다."

《속고승전》〈석승민전〉

진정한 복덕은 거창한 제사를 올려 많은 사람들이 모이게 하는 데 있는 것이 아니다. 눈에 잘 띄지도 않는 생명에 이르기까지 그들을 배려하는 마음과, 주변의 사람들에게 조금이라도 원망하는 마음을 일으키지 않는 내면의 고요에 있다는 것이다.

큰 일을 벌이고자 하면 그에 따른 소소한 부작용은 감수해야 하지 않겠느냐는 입장도 있을 수 있다. 하지만 일의 진정한 크기는 모여든 사람들의 숫자나 행사에 소요된 경비와 비례하지 않는다는 것이 승민 스님의 입장이었던 것 같다. 하긴 수행자가 생각하는 큰 일의 기준이 세상 사람들의 기준과 다를 바 없다면 굳이 수행자로서의 행색을 유지할 필요도 없을 것이다.

사람들이 흔히 작은 일이라고 여기며 무시해버리는 부작용을 오히려 크게 보아 큰 일을 벌이지 않은 승민 스님은, 그런 마음으로 인하여 오랜 세월이 지나도 사람들이 크게 칭송하는 인물이 되었다.

물량 위주의 가치관이 갈수록 맹위를 떨치고, 일신의 편안함과 당장 손에 잡히는 경제적인 이익만을 앞세워 산과 들을 파헤치는 개발의 시대에, 미물조차 소중히 여긴 승민 스님의 애틋하고도 지혜로운 마음이 더욱 그리워진다. 가을의 하늘은 그런 마음에 의해서 아직 푸르고, 불교는 그런 마음에 의해 생명력을 간직한 채 면면히 이어져 내려온 것이 아닐까….

9.
스토커가 아닐까

은혜와 사랑이 무겁기는 하지만 마음의 작용을 너그럽게
놓아주어서도 안 된다. 이것을 너그럽게 놓아주는 사람은
급기야 그가 아끼는 사람도 고통 속에 빠지게 한다.

《속고승전》〈석법운(釋法雲)전〉

〈남편과 헤어진 뒤 생활고에 시달리던 30대 여성이 승용차에 불을

붙여 자신의 10살 난 아들을 숨지게 한 혐의로 구속됐다. 29일 강원도 춘천경찰서에 따르면 강모(36 서울 도화동)씨가 지난 27일 오전 4시 40분쯤 춘천시 동산면 조양리 중앙고속도로 갓길에서, 렌트한 뉴EF쏘나타 승용차를 세워 놓고 휘발유를 뿌린 뒤 불을 붙여, 뒷좌석에서 잠을 자던 아들 김모(10)군을 숨지게 했다. 강씨는 불길이 치솟자 겁에 질려 차 밖으로 대피했다.

경찰 조사 결과 강씨는 지난 2002년 남편과 이혼하고 자신이 운영하던 피아노 학원도 그만둔 뒤 김군을 혼자 양육하며 자신의 처지를 비관해왔다고 한다. 생활고 때문에 아들과 동반자살을 하기로 결심한 강씨는 지난 9일 충청남도 태안에서 승용차를 빌리고 플라스틱 통과 휘발유를 구입, 차 트렁크에 싣고 충남 등 서해안 일대를 돌아다니며 범행 장소를 물색해 왔다. 강씨는 경찰에서 "불을 붙인 순간 겁이 나고 놀라 차 밖으로 급히 나왔는데 불이 너무 빨리 옮겨 붙어 아들을 구할 틈이 없었다"고 말했다.〉   (2004. 9. 30. ○○일보)

분노와 안타까움이 범벅되어 일어나는 이와 같은 기사를 종종 보게 된다. 물론 죽은 아이의 어머니는, 자기마저 죽은 후 홀로 거친 세상을 힘겹게 살아가야 할 자식에 대한 연민 때문에 '차라리 함께 죽는 게 낫다'는 생각을 했을 것이다. 하지만 그 누가 있어 사람의 앞날을 미리 확언할 수 있겠는가? 생명이 있는 한 희망도 있는 것, 역경을 이겨내고 보람과 행복을 누리며 사는 사람도 얼마든지 있지 않은가?

그러니 어떤 사람을 진정으로 사랑한다면, 그 사람을 대할 때 내 마음이 가는 대로만 놔두어서는 안 된다. 내 마음은 아직도 이기적인 탐욕과 바른 길에 대한 어리석음이 남아 있기 때문에, 마음가는 대로 행동한다면 내 뜻과는 다르게 내가 사랑하는 사람을 괴롭게 하거나 심지어 파멸시킬 수도 있는 것이다. 그럴 경우, 나는 그를 사랑하는 사람이 아니다. 단지 한 명의 스토커일 뿐이다.

10
죽지 않으려면

담란은 도술을 닦고 다스리고자 하여 걸어서 낙양(洛陽)에 이르러, 중국의 법사(法師)가 된 보리유지(菩提留支)를 만났다.

담란이 그에게 말하였다.

"불법 가운데도 자못 장생불사(長生不死)하는 법이 있는데, 이 땅의 선경(仙經)보다 뛰어난 법이 있습니까?"

보리유지가 땅에 침을 탁 뱉고 말하였다.

"그것이 무슨 말인가? 상대해서 비교도 안 되는 소리다. 이 곳 어디에 장생불사하는 법이 있는가? 비록 오래 살 수 있다고 하나 잠시 죽지 아니할 뿐이며, 끝내는 삼계(三界)를 윤회한다."

곧 《관무량수경》을 그에게 주면서 말하였다.

"이것은 큰 선인(大仙)의 약방문이다. 이것에 근거하여 수행한다면 곧 생사의 해탈(解脫)을 얻게 될 것이다."

담란은 곧 이를 머리 위로 높이 받들어 받고 가지고 온 선도(仙道)의 서적은 모두 불태워 버렸다.

《속고승전》〈석담란(釋曇鸞)전〉

모든 종교는 죽음을 극복하고자 한다. 불사(不死)의 길을 추구한다는 뜻이다. 우선적인 관심을, 죽음으로 대표되는 실존의 허무를 초극함에 두는 것, 이것이 종교가 과학이나 철학과는 그 성격을 달리 하는 가장 뚜렷한 점이다.

불교의 경우엔 과학이 무색힐 징도로 보편적인 진리를 추구하는 엄격한 태도를 견지하고 있지만, 그 역시 '진리에 대한 깨달음'을 통하지 않고서는 죽음의 문제를 해결할 수 없다는 입장 때문이다. 비록 진리라 해도 그것이 실존의 문제를 해결하는 데 도움이 되지 않는다면, 즉 삶을 변화시키지 못하는 단순한 객관적인 지식에 그친다면, 그것에 종교적인 의미나 가치를 부여할 수는 없는 것이다.

하지만 똑같이 불사(不死)를 추구한다 해도 그 방법이나 실질적인 내용에는 각 종교들 사이에 상당한 차이가 있음을 발견할 수 있다. 겉모습은 비슷한 수박이라도 일단 쪼개 보면, 어떤 것은 잘 익어 있고 어떤 것은 아예 허연가 하면 심지어 상한 것도 있듯이 말이다.

예컨대, 도교에서는 장생불사(長生不死, 또는 不老長生)를 말한다. 아예 이 몸 그대로 늙지 않고 죽지 않는다는 것이다. 그렇게 불로장생하는 사람을 신선이라 하고, 신선이 되기 위한 '양생(養生)'의 방법을 제시하고 있다. 흔히 신선이라 하면, 하얀 옷을 입고 머리와 수염까지 온통 허연 할아버지를 연상한다. 하지만 그러한 이미지는 신선의 본래 모습과는 거리가 먼 것이다. 신선은 불로(不老)의 존재이므로, 그 모습을 제대로 그린다면 젊은 사람의 형태이어야 하기 때문이다. '젊게 영원히 사는 것'을 이상으로 삼은 도교의 입장은 사람들의 욕구를 있는 그대로 반영한 것이라 할 수 있다.

담란은 본래 대승불교를 연구하던 학자였으나, 몸에 병이 든 이후 죽음을 두려워해 도교의 추종자가 되고 만다. 그러다가 보리 유지를 만나 다시 불교의 길로 돌아오는데, 그는 우리에게 자기의 실존적 문제를 해결하지 못하는 지식의 무력함과 헛된 이상의 함정을 모두 보여주고 있다.

기독교에서의 영생(永生)은, 이 몸과 정신 그대로 영원히 산다는 점에서는 도교와 비슷하지만, 일단 한 번 죽지 않을 수 없다는 점은 분명히 인정하고 있다. 그런 후에 재림하는 그리스도에 의해 부활하여 최후의 심판을 받고, 신에 대한 신앙 여부에 따라 천국과 지옥에서의 영생이 각각 주어진다고 주장한다. 화장을 기피해 온 전통이나, 죽은 자를 예쁘게 화장하는 장례 풍습 역시 다시 살아날 때를 준비하는 차원에서 행해지는 작업인 것이다.

유교는 매우 현실적인 관점을 취하고 있다. 사람이 죽지 않고 영원히 살 수 있다는 기대도, 죽었던 사람이 다시 살아나 더 이상 죽지 않고 영원히 산다는 주장도 인정하지 않는다. 오직 자기의 분신이랄 수 있는 후손 속에서 자기의 존재가 계속 이어져 나간다고 보는 것이다. 따라서 후손이 단절되지 않는 한 그 속에서 자신도 영생한다는 입장이다. '대를 끊는' 행위가 용납될 수 없는 불효로 간주되는 까닭도 여기에 있다. 후손이 끊긴다는 것은 곧 그 속에서 존재를 이어온 선조들 전체를 소멸시키는 행위로서, 단지 지금의 부모뿐만 아니라 선조 전체에 대한 살해에 해당한다고 해석되기 때문이다.

가족 관계에 대한 이와 같은 입장 때문에 지금 유교는 봉건적이고 고리타분한 사상의 전형으로 종종 질타의 대상이 되기도 하지만, 그런 전통의 발단이 된 영생에 대한 견해는 오히려 도교나 기독교에 비해 훨씬 현대 과학의 입장에 가까운 것이었음을 인정할 필요가 있다.

어쨌거나 이들 세 종교의 공통점은, 죽음을 극복하고자 함에 죽음의 반대 개념인 '삶(生)'을 목적으로 제시하고, 그 상태의 영속을 꿈꾼다는 것이다. 지극히 당연하고 쉽게 생각할 수 있는 태도라 할 수 있다.

그렇다면 불교는 어떤 입장일까? 열반을 성취하여 죽음을 완전히 극복한 성자를 불교에서는 아라한이라고 한다. 아라한이 된 제자는 스스로 자기의 성취를 선언하는데, 그 내용을 보면 '죽음의 극복'이 아닌 '생(生)의 다함'을 선언하고 있다. 죽음을 극복하고자 하는 종교에서, 또 죽음을 극복한 성자로 인정되는 아라한이 영생의 성취는 선언하지 않을지언정 오히려 생의 단절을 선언하다니! 실로 납득하기 어려운 일이 아닐 수 없다.

하지만 바로 여기에서 우리는 불교가 여타의 종교와는 차원이 다른, 삶과 죽음에 대한 보다 깊은 통찰을 갖추고 있음을 발견할 수 있다.

생명이 있는 것 가운데 죽지 않는 것은 없으며, 그것은 누구도 부정할 수 없는 엄연한 사실이다. 그렇다면 죽음이 아무런 원인 없이 우연히 발생하는 사건일까? 만약 죽음이 우연한 사건이라면, 그 죽음으로부터 벗어나는 길도 없을 것이며, 죽음에서 벗어나고자 하는 모든 노력은 근본적으로 아무런 의미가 없는 것이다. 그러므로 죽음에 원인이 있음을 인정하는 것이야말로 죽음의 극복을 도모하는 전제조건이 아닐 수 없다.

그리하여 불교는 죽음의 원인 또는 조건으로서 '삶(生)'에 주목한다. '태어난 모든 것은 죽는다'는 엄연한 사실을 억지로 부정하지 않을 때, 죽음의 극복은 필연적으로 죽음을 불러오는 현상인 '생(生)'의 극복을 함께 요청한다는 점을 놓치지 않고 있는 것이다. 죽음의 극복은 생(生)의 극복을 함께 요구하며, 생(生)의 극복을 통해 비로소 죽음까지도 완전히 극복할 수 있는 것이다.

따라서 불교의 열반은 죽음의 반대 개념인 '삶'을 계속하여 영위하는 경지일 수 없는 것이다. 죽음과 삶을 모두 넘어선, 그리하여 죽음을 절대적으로 극복한 경지일 수밖에 없는 것이다.

보리유지가, "어디에 장생불사하는 법이 있는가? 비록 오래 살 수 있다고 하나 잠시 죽지 아니할 뿐"이라며, 영생을 구하던 담란의 기대를 무참히 부수고, 열반이 약속된 곳, 즉 극락에 이르는 길이 서술된 《관무량수경》을 건네주는 행위의 이면엔 이와 같은 안목이 드리워져 있는 것이다.

11
사람들은 모이겠지

그때에 흉년이 들어 곡식을 구할 길이 없자 복서(卜書) 한
권을 만들어 점을 쳐서 그 대가로 하루에 쌀 두 되를 받아
일상생활을 조달하였다. 이윽고 그의 말이 미래의 일을 아
는 것과 같았기에 의문이 있는 사람이 무더기로 모여들어
얻는 쌀도 따라서 많아졌다. 이에 영유(靈裕)가 말하였다.

"선대의 사람들이 말하기를 꿀을 바른 칼을 핥으면 상처

를 입는다더니 지금 그것이 증명되었다."

《속고승전》〈석영유(釋靈裕)전〉

부처님의 법문을 방편이라고 한다. 부처님께서 깨달으신 제법의 실상은 사실 부처님이 아니고서는 알 수 없는 내용이므로, 부처님께서는 중생들의 능력을 서서히 성숙시키는 체계를 마련하여 당신이 깨달으신 바에 접근하게 하셨다. 불교의 모든 법문은 그렇게 부처님의 깨달음을 중생들로 하여금 직접 깨닫게 하기 위해 마련된 뗏목과 같은 것이다. 방편(upāya)의 원래 의미가 '가까이 가다'임을 기억할 필요가 있다.

따라서 방편은 일종의 수단이자 과정이다. 그런데 우리의 일상에서 '과정'이란 말은 어떤 일을 성취하는데 있어서 상당히 중요하게 여기지만, '수단'이란 말은 아주 가볍게 취급되고 상황에 따라 수시로 대체 가능한 요소로 여겨지고 있다. '방편'이란 말이 현실에서는 이미 '편법'이란 의미로 사용되기도 하거니와, 그렇듯 방편이 수단의 성격을 띠고 있다 하여 그 가치를 폄하, 왜곡하는 현상이 만연하는 것은 매우 위험스런 일이다.

엄밀한 의미에서 방편은 사성제 · 십이연기 · 육바라밀설 등과 같은 부처님의 법문 그 자체를 가리키는 것이다. 중생은 그런 방편의 뗏목을 타고 마침내 붓다의 깨달음이란 저쪽 언덕에 이르게 되는 것이다.

사찰은 수행의 공간이자 포교의 거점이기도 하다. 그래서 포교를 한다는 말은 곧 사찰에 오게 한다는 말과 같은 의미로 여겨지기도 한다. 사람들을 오게 하려면 그들이 올 만한 요소를 갖추고 있어야 하고, 그러자면 사람들의 욕구를 잘 파악하여 대응할 필요가 있다.

자기에게 닥쳐올 미래의 일은 동서고금을 막론하고 모든 사람들의 최대 관심사일 것이다. 그러나 미래의 일을 어떻게 알 수 있겠는가? 여기에 다양한 형태의 점복술이 나올 수밖에 없는 이유가 있는 것이다. 손금, 사주, 관상 등 예로부터 내려오는 점복술로부터 별점이니, 반지점이니, 카드점이니 하여 행해지는 신종 점복술에 이르기까지의 그 모든 것들은, 알 수 없는 미래를 확인받고 싶어하는 사람들의 불안감이나 호기심이 만들어낸 결과물인 것이다.

그러한 태도를 배움이 모자란 사람들의 풍속도로만 치부할 수는 없다. 사주카페는 지성의 상징이랄 수 있는 대학생들로 붐비고, 선거철만 되면 점집은 불황을 모른다고 한다. 프랑스의 유명 패션디자이너 파코라반 같은 사람은 젊은 시절 점성술에 빠져 지금도 점성술가로 활동하고 있다지 않은가. 심지어 세계 최대의 선진 강대국인 미국의 대통령이었던 레이건조차 수시로 점성술사와 상담했다는 기사도 있다.

'점'은 지위고하나 배움의 유무에 관계없이 남녀노소에게 몽땅 통하는 유인책으로써 참으로 적절하지 않을 수 없다. 그러니 '일단 점을 쳐주면서 사람들의 발길을 끈 뒤에 제대로 된 불교를 전하자'는 아이디어는 쉽게 떠올릴 수 있다.

이쯤 되면 우리는 부처님에 대해서도 한번쯤 불만을 표하지 않을 수 없다. 그렇게 보편적이고, 효율적일 수 있는 포교의 '방편'을 왜 그리도 비난하고 배척하셨을까?

이유는 간단명료하다. '방편'이 아니기 때문이다. 단지 '방편' 같이 보일 뿐인 '사이비 방편'이기 때문이다. 그런 행위는 사람들을 절에 오게 할 수는 있어도 깨달음에는 절대 가까이 가게 할 수 없기 때문이다. 오히려 올 때마다 점의 내용을 궁금해하며 마음을 그에 가까이 가게 할 뿐이다. 당연히 깨달음과는 멀어질 수밖에 없다.

이제 더 이상 '방편'은 사주나 관상을 봐주거나, 부적을 판매하는 등 사람들을 사찰로 불러들이기 위해 자행되는 비법(非法)을 합리화하는 말이 되어서는 안 된다. 잘못된 수단은 목적까지 훼손한다. 당장은 호응도 있어 뭔가 잘 되어가는 듯이 보일지라도, '꿀을 바른 칼을 핥으면 상처를 입기' 때문이다.

12.

내가 너 대신 벌을 받으마

사문 구나발마(求那跋摩)는 중국말로는 공덕개(功德鎧)라고 부른다. 본래 찰리종(刹利種) 출신으로 여러 대에 걸쳐 왕이 되어 계빈국(罽賓國)을 다스렸던 가문의 사람이다. 조부 가리발타(呵梨跋陀)는 강직한 성격으로 인하여 유배를 당하였고, 아버지 승가아난(僧伽阿難)은 산택으로 들어가 은거하였다.

구나발마가 14세가 되었을 때 기틀과 견해가 빼어났으며, 원대한 도량이 있었다. 어질고 사랑하는 마음과 넓고 화통한 인품을 지녔으며 덕을 숭상하고 선에 힘썼다. 어느날 그의 어머니가 구나발마에게 들 짐승 고기를 장만하여 요리하라고 하자 구나발마가 어머니에게 말하였다.

"생명이 있는 무리는 살기를 바라지 않는 것이 없는데, 그 목숨을 미리 죽게 하면 어진 사람이 아닙니다."

어머니는 화를 내며 말하였다.

"설령 죄를 얻게 된다 하여도 내가 마땅히 너를 대신할 것이다."

구나발마는 훗날 기름을 끓이다가 잘못하여 손가락을 데이게 되었다. 그로 인하여 어머니에게 말하였다.

"아들을 대신하여 고통을 참아주십시오."

어머니가 말하였다.

"고통은 너의 몸에 있는데, 내가 어떻게 대신할 수 있겠느냐?"

구나발마가 말하였다.

"눈앞의 고통조차도 오히려 대신할 수 없거늘 하물며 삼도(三塗)이겠습니까?"

어머니는 이에 잘못을 뉘우치고 죽을 때까지 살생을 하

지 않았다.

《개원석교록(開元釋敎錄)》 제5권

우리에게 불교는 흔히 '무소유'의 종교로 알려져 있다. 하지만 무소유가 불교만의 덕목은 아니다. 무소유를 엄격하게 강조한 종교는 불교라기보다는 자이나교라고 해야 할 것이다. 그들은 불교 승려들이 입는 세 쪽의 옷[三衣]까지도 '소유'라며 거부한 채 나체로 생활할 정도였기 때문이다. 실제로 불교의 경전을 살펴보면 무소유에 대한 강조는 그리 강하지도 빈번하지도 않다.

사실 부처님이 제자들에게 요구한 것은 '가지지 말라'가 아니라 '탐욕을 없애라' 였다. 물론 탐욕과 소유는 어느 정도의 연관성은 가지고 있을 것이다. 소유의 맛에 물든 사람은 좀더 나은 것, 좀더 많은 것을 소유하고자 하는 욕망에서 벗어나기 어렵기 때문이다. 하지만 탐욕과 소유가 비례의 관계나 인과의 관계로 이어져 있는 것은 아니다. 아무것도 가지지 못한 사람도 하늘을 찌를 듯한 욕신으로 가득 차 있을 수 있고, 많은 것을 가진 사람도 그에 대한 집착은 없을 수도 있기 때문이다.

하지만 무소유가 불교를 상징하는 단어가 된 데는 그럴 만한 충분한 이유가 있다. 불교의 무소유는 표면적으로는 소유에 대한 부정을 뜻하지만, 그 내면에는 '존재성'을 중시하는 의미를 담고 있기 때문이다. 그리스도교로 대표되는 신(神) 중심의 종교가 '소유' 관계를 바탕으로 성립해 있는 점과는 상반된 특징인 것이다.

신(하느님)은 인간과 세계의 창조주로서 모든 존재에 대한 주권을 가지고 있다고 한다. 자연과 자연법칙이라고 해서 예외가 될 수는 없다. 인간에게 비록 자유의지가 있음을 인정하고는 있지만, 궁극적으로 인간을 비롯한 만물은 신의 '소유물'이므로 지배의 대상으로 본다. 내 스스로의 의지로 살아가는 것처럼 보여도, 사실은 신의 섭리와 역사 속에서 이미 정해진 운명이라는 것이다. 신을 어머니가 아닌 '아버지'라고 부르는 것도 창조와 더불어 '지배의 권능'을 부각시키고 있는 표현이라고 할 수 있다.

한편 창세기에는 "하나님이 자기 형상, 곧 하나님의 형상대로 사람을 창조하시되 남자와 여자를 창조하시고, 하나님이 그들에게 복을 주시며 그들에게 이르시되 '생육하고 번성하여 땅에 충만하라' '땅을 정복하라' '바다의 고기와 공중의 새와 땅에 움직이는 모든 생물을 다스리라' 하시니라"라는 구절이 있는데, 이는 신과 인간의 관계뿐만 아니라 인간과 자연의 관계 역시 지배 종속적인 소유의 관계로 바라보는 시각으로 해석할 수 있다.

불교는 어떤가. 불교에서는 우주 만물의 원리를 '법(法, dharma ; 진리, 필연적인 법칙성)'이란 말로 표현하고 있다. 하지만 부처님은 우주 만물이나 법의 창조자가 아니다. 소유자도 물론 아니다. 이미 존재하고 있었고, 지금도 존재하고 있으며, 앞으로도 항상 존재할 '법'을 스스로 깨달아 다른 사람들에게 가르쳐주는 분이다.

따라서 부처님은 그냥 모든 것의 주(主)가 아니라 '법주(法主)'로 일컬어진다. 법은 부처님으로 인하여 이 세상에 비로소 나타나게 되었기 때문이다. 그래서 부처님은 먼저 눈뜬 자요, 먼저 가셨다가 다시 오시어 우리의 스승이 된 분이다.

부처님에 대해서도 '아버지'라는 표현은 붙여지고 있다. 예불문의 '사생자부(四生慈父)'란 대목이 그렇고, 흔히 쓰이는 불자(佛子)라는 호칭도 부처님을 아버지로서 전제하고 있는 말이다. 《법화경》에 실려 있는 '가난한 아들의 비유'는, 중생들을 향해 부처님이 품고 있는 '아버지로서의 사랑'을 단적으로 드러내고 있다.

불교를 어머니의 종교라고 규정한 사람도 있긴 하지만, 경전이나 일상의 표현을 볼 때 불교는 또한 아버지의 종교라 해도 무방하다고 느껴질 정도이다. 물론 이때의 '아버지'는 '낳은 자'로서가 아니라 '기르는 자'의 의미이며, 당연히 '부처님의 아들(佛子)' 역시, 커서 '낳는 자'가 될 존재가 아니라 '아버지처럼 성숙할 자'라는 뜻이다. 그런데도 '부처님 아버지'나 '아버지 부처님'이란 말은 들어 본 기억이 없다. 무슨 까닭일까.

부처님에겐 아버지로서의 성격도 있지만, 이미 말했듯이 '스승'으로서의 성격이 훨씬 강하기 때문일 것이다. 예불문의 '사생자부(四生慈父)'라는 표현 바로 앞에는 '삼계도사(三界導師, 온 세계의 스승)'란 말이 먼저 나오고 있다. 축원이나 의례를 마칠 때도 '나무 시아본사 석가모니불(南無是我本師釋迦牟尼佛)', 즉 '저의 근본적인 스승이신 석가모니 부처님께 귀의합니다'라고 고백한다. 이렇듯 '스스로 깨달아 연설하는 자' '길을 가리키는 자' '보살을 교화하는 자' 등, 스승으로서의 부처님의 모습이 워낙 크고 또 본래적인 것이다 보니, 아버지로서의 부처님의 성격은 그늘에 가려질 수밖에 없었을 것이다.

그리스도교나 이슬람교 신자들이 자기들이 믿는 신에게 그러한 것처럼, 불교인이라고 부처님에게 모든 것을 맡기고 편안하게 쉬고 싶은 마음이 어찌 없을까. 부처님인들 왜 중생들의 짐을 자신이 모두 지고 그들을 대신하여 고통받고 싶은 마음이 없으실까.

문제는 그렇게 하고자 해도 결코 그리될 수 없다는 엄연한 사실이 있다는 점이다. '나만 믿으면 돼' '내 말대로만 하면 만사형통이야' 라고 달콤하게 말한들, 그것이 사실이 아니고 진실이 아니라면 헛된 환상에 지나지 않는 것이다. 유혹은 항상 장밋빛이지만, 시들고야 마는 것임을 잊어서는 아니될 것이다.

"당신의 제자는 모두 행복(열반)을 얻습니까?"라는 한 수학자의 물음에 "물론이지" 할 수도 있으셨건만, "그런 사람도 있고 그렇지 못한 사람도 있다"고 한 후, "영원한 행복으로 가는 길이 있어 나는 그 길을 가르치지만, 가지 않으면 낸들 어찌 하겠느냐."는 것이 부처님의 대답이었다. '모두가 얻는다!' 라고 했으면 훨씬 많은 사람들이 제자로 들어왔을 테지만, 그래서 교세도 쉽게 확장될 수 있었을 것이지만 그렇게 말하지 않은 이유는 무엇일까? 그것이 진실이기 때문이다.

부처님은 사람들의 삶을 지배하는 존재가 아니다. 오히려 부처님은 모든 존재가 각기 자기 인생의 주(主)로서, 인생 행로의 주체이자 책임의 소재처라는, 때로는 환희로우며 때로는 회피하고도 싶은 진실을 깨우치고자 하였다.

어떤 비구는 '부처님이 세상에 니외 큰 지비심으로 일체 중생을

두루 보호하시는데 무엇 때문에 굳이 힘들게 도를 닦겠는가〈출요경〉'
하기도 하였다는데, 부처님에 대한 믿음은 있었을지 몰라도, 부처님의
가르침에는 귀를 닫고 있었던 것이다. 스스로가 자기 인생의 행복과
보람을 찾아가지 않는다면, 주변의 어떤 도움이 있다 해도 끝내 그 사
람은 인생의 목적을 이룰 수 없는 것이다. 불교를 자력의 종교라거나,
냉철한 이성의 종교라고 하는 까닭도 여기에 있다.

　하지만 '자력이냐 타력이냐' 하는 정의나 구분은 그리 큰 의미도
없고, 전적으로 옳다고 할 수도 없다. 만약 부처님이 안 계셨다면, 함
께 법회에 참석하며 고민을 들어주고 힘겨움을 위로해 주는 벗이 없다
면, 홀로 불자로서의 삶을 흔들림 없이 걸어갈 사람이 몇이나 될까?

　세상의 어떤 일도 혼자의 힘만으로는 이뤄지지 않는다. 내 존재
자체도 이미 내가 의식하거나 의식하지 못하는 헤아릴 수 없이 많은
요인들에 의해 유지되고 있다. 따라서 '신의 뜻이나 운명에 내 모든 것
이 달려 있다'는 믿음이 어리석고 무기력한 환상이라면, '오로지 나의
힘만으로'라는 순수한 자력(自力) 또한 교만한 착각에 지나지 않는다.

　물론 다른 종교에 비해 불교는 근본적으로 이성의 종교요, 자력
의 종교라고 할 만하다. 그리고 바로 그 점 때문에 불교는 보다 냉철하
고 이지적인 모습으로 비춰지고 있다. 그러나 불교의 그런 모습 뒤에

는 우리들 한 명 한 명을 지극한 가치의 존재로 인정하고 있는 부처님의 마음이 깃들어 있음을 알아야 할 것이다.

'하나님의 자녀'와 '부처님의 아들'이란 표현도 겉보기엔 비슷하지만 그 내면의 의미는 사뭇 다르다. 전자가, 하나님에게 속해 있다는 각성에서 자신의 가치를 회복하는, 즉 '소유 관계'를 확인시키고자 한 것이라면, 후자는 부처님과 자신의 근원적인 동질성을 강조하는 '존재성의 자각'이 실질적인 요청으로 내포되어 있는 것이다.

부처님은 인간이 타의 소유물과 같은 노예적인 삶을 살아가기를 바라지 않으셨다. 아니, 비록 허물 많고 나약해 보일지라도 인간 스스로의 의지로 자기 인생을 힘차게 열어 갈 수 있는 자유의지를 지닌 제 삶의 유일한 주(主)요, 불성을 갖춘 위대한 존재임을 일깨워 주시고자 이 땅에 오신 분이다. 인류는, 뭇 중생은, 부처님으로 말미암아 포기하거나 잊어버리고 있었던 우리 존재의 진정한 가치를 발견할 수 있게 된 것이다.

이와 같이 창조신에 대한 신앙을 중심으로 하는 종교가 소유관계의 회복을 내세우는 종교라면, 불교는 존재성의 회복을 천명하고 있는 종교라 말하지 않을 수 없으며, 구나발마는 그런 스승의 뜻을 이어받아 어머니의 '존재성'을 회복시켜준, 진정한 효자였다.

13.
힘든 곳에 갈 것이다

건무(建武) 4년 봄, 승경(僧景) 법사는 갑자기 제자들에게
말하였다.

"내 타고난 나이가 아흔 살이나, 남은 햇수를 더하여도
세상에 이로움이 없고, 4대(四大)만 다른 사람에게 누가
될 터이니, 중생을 구하고자 염두에 둔다면 이에 오래
머무르지 못 한다."

7월 21일에 표극령(標極嶺) 서쪽 편을 시신을 두는 처소로 삼았는데, 사람들이 알지 못하게 하였다. 그로부터 이레 후에 병이 들었는데 병에 걸린 지 이레 만에 임종하셨다. 춘추가 쉰일곱이셨는데 임종하실 때는 합장하면서 말하였다.

"원하건대, 삼도(三途)에 태어나 일체 중생의 고통을 건지게 하사이다."

다시 "내가 이 몸을 까마귀와 새에게 보시하겠으니, 그리 알고 매장하지 말라"고 일렀다.

《광홍명집(廣弘明集)》제23권

삼도는 지옥·아귀·축생을 말하는데, 고통이 극심한 세계나 그에 사는 중생들을 가리킨다. 승경 법사는 임종을 맞아 그토록 괴로움 가득한 세상에 태어나고자 두 손 모아 발원하고 있는 것이다. 임종 시에는 누구나 자기의 진심을 표명한다고 한다. 따라서 승경 법사의 말은 그저 남에게 자기의 거룩함을 보이기 위한 행동이라기보다는 자신이 한평생 지향했던 바를 마지막으로 드러낸 것이라 할 수 있다.

즐거움을 추구하지 않는 종교는 없다. 아무리 영생한다 하더라도 그 영생이 고통의 영생이라면 차라리 죽고 말지 누가 그런 영생을 바라겠는가. '불교' 하면 연상되는 '극락' 또한 '지극한 즐거움이 끝없는 곳' 이기에 붙여진 이름인 것이다.

불교인들이 이르고 싶어 하는 경지는 크게 두 군데다. 하나는 열반이요, 또 하나는 극락이다. 열반은 '탐욕과 성내는 마음과 어리석음의 모든 번뇌가 사라져 한결같은 즐거움만 있는 영원한 세계' 로, 수행자 개인의 내면적인 상태를 뜻하는 표현이다. 그런 열반은 살아있는 지금 이 몸으로 체득할 수 있으며, 사람이 가장 적당한 조건을 갖추고 있긴 하지만 윤회하는 세계의 어떤 존재도 성취할 수 있는 것이다.

하지만 열반에 이르기 위해서는 바른 이해에 입각한 정진과 집중이 필요하다. 좋은 스승이나 벗 또한 결코 무시할 수 없는 중요한 요인이다. 스스로의 노력이 상당히 요구되기에 그렇게 열반을 추구하는 길을 '자력문(自力門)' 이라고도 한다. 따라서 온갖 고통에 싸여 있는 지옥의 존재들이나, 굶주림에 허덕이는 아귀, 그리고 지적 능력이 미약한 축생(짐승)인 경우엔 성취는커녕 시도조차 힘에 겨운 길이며, 사람이라 할지라도 세상사에 시달리며 생업에 종사하는 일반인들에겐 부담의 정도가 클 수밖에 없는 길인 것이다.

현실적인 여건으로 말미암아 열반과 깨달음의 길에 제대로 나아가지 못하고, 심지어 포기하는 사람들에게 부처님이 소개해 주신 곳이 바로 극락이다. 아미타불에 의해 건립되어, 관세음보살을 비롯한 수많은 보살과 훌륭한 벗들이 모여 사는 곳. 의식주 해결을 위한 분주한 시간을 가질 필요가 없고, 항상 건강한 몸을 유지할 수가 있으며, 불도를 이루기 전에 죽어버릴 염려가 없는 곳. 분쟁이란 말조차 없는 평화롭고 영원한 세계가 바로 그곳이다.

가는 방법도 극히 간단하고 쉬워서 단지 '아미타부처님께 귀의합니다' 하고 생각하거나, '극락에 가고 싶다' 하고 바라기만 해도 갈 수 있다. 이 목숨 마친 후 곧장 가게 되는 곳이니, 언제 올 지 모를 예수의 재림을 무덤 속에서 기약도 없이 기다리다가, 재림 후 다시 천 년 후에나 되살아나 천국에 간다는 그리스도교 같은 종교와는 도저히 비할 바가 아니다.

극락에 대한 말씀이 있고 난 후, 대부분의 불교인은 극락에 가서 태어남을 수행의 목표로 삼게 되었고, 오로지 염불을 통한 극락왕생을 강조한 정토종은 광범위한 신봉자를 얻기에 이른다.

현실에서의 깨달음을 추구한 경우에도 아미타불을 생각하거나 부르는 '염불' 은 수행의 필수 항목으로 인정되었다. 중국 교종의 최고

봉이라 할 수 있는 천태종은 《법화경》에 입각한 관법(觀法) 수행을 주로 하여 후대의 선종에도 많은 영향을 끼치는, 자력문에 속하는 종파였다. 그런 천태종의 완성자인 지의(智顗) 선사도 아미타불의 이름을 외우며 임종을 맞을 정도였다. 우리나라의 원효 대사 역시 '나무아미타불'을 권하여 서민 속에 불교를 뿌리내리게 하였음은 널리 알려진 사실이다.

열반이 보장되고 깨달음이 약속된 극락, 행복할 수밖에 없는 곳인 극락을 두고 다시 힘겨운 이 사바세계, 그 중에서도 더욱 괴로운 삼악도에 태어나고자 한 승경 법사의 마음은 보통 사람들이 자신의 안락을 지향하는 것과는 정반대 방향으로 돌려져 있었다. 어쩌면 세상의 흐름과 반대의 길을 가는 곳에, 세상 사람들로서는 상상조차 할 수 없는 보람과 기쁨이 있을지도 모르겠다. 꼭 불교인이 아니라 할지라도, 그런 삶을 살았다고 인정되는 사람들의 죽음에서 후회의 모습은 찾을 수 없기 때문이다.

14
시간이 해결해줄 것이니

사람이 도(道)를 얻지 못하는 이유는 심신(心神)이 혼미하기 때문이다. 심신이 혼미한 이유는 외물(外物)에 어지럽기 때문이다. 번잡한 가운데 큰 것은 세 가지이다.

첫 번째는 이익만 다투면서 이름을 영예롭게 하려는 것이고, 두 번째는 요사스러움이 만연하는 것이고, 세 번째는 단맛을 취하여 살찌고 기름진 것이다.

성인은 이 같은 세 가지 일을 끊지 않고는 비록 도를 구
하더라도 얻을 바가 없음을 아셨기에, 어쩔 수 없이 법
도를 세워 이를 솎아내어 따르기 쉽게 하신 것이다. 곧
바로 말하자면 이 세 가지 일이 미혹의 근본이라 마땅히
금지해야 하지만, 이 같은 세 가지 일은 인정(人情)에 깊
이 미혹되는 것인지라, 사려로 내치기 어렵다.

비록 금지하는 말씀이 있더라도 갑자기 따르기 힘든 것
이, 마치 방주(方舟)로 하천을 건너는 것과 같다. 어찌 곧
바로 피안에 이르기를 바라지 않겠는가만 강물의 흐름
이 이미 급한지라, 이에 마주하여 곧장 건너가는 이치가
없다.

하지만 흐름에 따르되 삿되지 않으면 오래 걸리더라도
그 지극함을 얻게 된다.

《광홍명집(廣弘明集)》제24권 〈술승중식론(述僧中食論)〉
[남제(南齊) 심휴문(沈休文)]

　　불교를 공부하는 사람들이 가장 많이 털어 놓는 고충이 "가르침
은 어느 정도 이해하지만 그것이 실천으로 이어지질 않는다"는 것이

다. 머리로는 인정하지만 온몸으로 체득하지 못하고 그래서 일상생활 속에 적용하지 못하니 '이러한 앎이 무슨 소용이 있는가'라는 생각으로 수시로 갈등하며, 그러다가 때로는 공부의 길을 포기하고 싶은 마음까지도 일어난다는 것이다.

이런 갈등을 하는 사람은 진정한 의미의 수행자가 아닐 수 없다. 단순히 지적인 욕구만을 추구하는 사람이라면 그와 같은 갈등에 힘들어 할 이유가 없기 때문이다.

불교는 부처님의 말씀에 입각해 자신의 깊은 사유를 통하여 깨달음의 완성을 추구하는 종교이다. 따라서 그저 믿음만으로 구원이 이루어진다는 여타의 종교들과 달리 깨달음의 완성을 위한 다양한 교설들이 체계적으로 마련되어 있다. 따라서 불자는 그런 교설의 체계를 우선 이해하지 않으면 안 된다. 얼핏 보면 더 어려워 보이는 이러한 불교의 특징은, 자신의 종교만이 유일한 진리라며 무조건적 신앙을 요구하던 당시의 수많은 종교들 사이에서 '눈 있는 자는 볼 수 있는' 합당한 이치를 제시하여, 사람들에게 종교적인 방황을 종식시키며 의지할 만한 가르침으로 불교를 정착시킨 중요한 요소가 되었다.

깨달음을 달리 표현하여 지견(知見), 즉 '알고 봄'이라고도 한다. 아는 것은 사유를 통해서, 보는 것은 식섭석인 경험을 통해서 이루어진다. 그러니 '알고 보는'〔知見〕 깨달음은 관념적인 이해와 직접적인 경험이 함께 갖추어진 상태를 이르는 것이라 말할 수 있다. 그저 알기만 하는 것도 아직 깨달음은 아니며, 알지 못하고 보는 것은 극히 주관적인 착각일 수 있다. '아는 것'을 전제로 '보는 것'을 성취해야 한다. '아는 것만큼 보인다'는 말은 불교에서도 수용될 수 있는 입장인 것이다.

그런데 보는 것은 어떤 수단을 쓰던지 간에 어쨌든 자기가 거기까지 가는 과정, 즉 실천 수행이 필요한 것이며 그만큼 시간과 노력이 요구될 수밖에 없다. 누가 프랑스 파리를 아느냐고 물었을 때 '안다'라는 대답은 그 자리에서 가능하다. 하지만 '보았다'라고 말하려면 자기가 직접 가보지 않고서는 대답할 수 없다.

불교에 들어오지 않은 사람의 경우엔 불교가 갖추고 있는 앎의 체계를 어렵다고 한다. 하지만 이미 불교에 들어온 사람은 알게 된 것에 입각하여 보는 데에 이르는 과정, 즉 수행이 마음대로 잘 안 되어 어려움을 토로하는 경우가 대부분이다. 앎이 깊은 데 이른 사람일수록 그 앎에 자기의 마음이 잘 따르지 않아 힘들어한다. 그럴 때면 '차라리 작은 가르침이라도 부지런히 실천하여 내 것으로 만들어야겠다.'는 생각으로 보다 깊은 법에 나아가기를 포기하기도 한다.

하지만 마음이 쉽게 앎을 따르지 못하는 것은 당연한 이치이다.

차의 구조를 공부하고 그 작동법을 잘 알았다 해도 막상 운전대에 처음 앉게 되면 누구나 서툴 수밖에 없고, 심지어는 엉뚱한 조작까지 하게 된다. 도로에 나가서 실수를 연발하고 다른 운전자들에게 싫은 소리를 들었다 해서 더 이상 운전대를 잡지 않는다면, 그는 끝내 '아무 때나 가고 싶은 곳에 편안히 갈 수 있는' 자가운전자가 될 수는 없는 것이다. 처음엔 힘들어도 꾸준히 시도하다 보면 어느 새 베테랑 운전자가 되어 있는 것이다.

오랜 세월 동안 온갖 욕심과 잘못된 생각이 이미 습관화되어 있어 새로운 앎이 이루어져도 그 앎이 그런 마음 전체를 당장 지배할 수는 없다. 바람직한 제도를 도입해도 그와는 다른 제도 하에 오랫동안 익숙해진 사회적 풍토 때문에 그 제도가 제대로 기능하지 못하거나 심지어 사장되어버리는 경우도 있듯이, 새로운 앎이 익숙한 실천까지 연결되기 위해서도 상당한 시간과 노력이 요구되는 것이다. 새로 산 좋은 신발도 자기의 발에 편안히 맞기까지 계속 신고 다니는 시간이 필요하다. 처음에는 빽빽한 가죽 때문에 발이 좀 불편하기도 하지만, 그것 때문에 그 신발을 버리는 사람은 없지 않은가.

이처럼 수행은 물러나거나 포기하지만 않는다면 시간이 해결해 준다. 그러므로 미흡함이 느껴질 땐 스스로를 자책하거나 비하할 일이 아니라, '아직 때가 덜 되었다'고 생각하면 되는 것이다. 그러니 우선 바른 앎을 갖추는 것이 중요한 일이 아닐 수 없고, 부처님도 그래서 사람들에게 바른 앎을 전하기 위한 여러 방편을 사용하셨던 것이다.

그런데 불교 밖의 사람들은 그렇게 바른 앎에 나아가는 불교의 다양한 교설들에 대해 어렵다며 멀리하거나 심지어 공격의 과녁으로 삼기도 한다. 그리고 자기들의 교리는 의심하지 말고 단지 믿기만 하면 된다며 쉬움을 강변하기도 한다.

하지만 뒤집어 생각하면 그처럼 사유를 요구하는 불교가 오히려 쉬운 길이라 해야 온당할 것이다. 사람은 생각하는 존재이다. 생각하는 존재에게 생각하지 말기를, 의심하지 말기를 요구하는 것처럼 힘들고 불가능한 일은 없다. 생각하는 존재에겐 생각하는 것이 오히려 쉬운 것이며, 의심의 벽을 뚫고 만나는 새로운 앎의 기쁨은 이루 형언할 수 없을 만큼 맑고 벅차다.

불교는 제멋대로 이리저리 나아가는 생각들에게 '이것이 바른 길'이라는 이정표를 제시할 뿐이다. 멈추지 않으면 혹 오래 걸릴지는 몰라도 누구나 그 궁극에 이를 수밖에 없다.

15
님이여, 돌아오소서

대도는 스스로 무궁하고

천지는 장구하며

거대한 바위는 소멸시키기 어렵고

개자(芥子) 또한 헤아리기 어렵습니다.

사람이 살아가는 한평생은

마치 창문을 지나치는 회오리바람과도 같습니다.

부귀영화가 어찌 무성하지 않겠습니까만
아침저녁 사이에 시들어 썩고 맙니다.

냇가에 남긴 시가 있으니
해가 기울면 술병을 두드릴 것을 생각하고
맑은 음성으로 귀를 즐겁게 할 수 있으며
기름진 맛은 입에 맞을 것입니다.

비단옷으로 몸을 장식할 수 있고
화관으로 머리를 빛낼 수 있는데,
무슨 일로 스스로 머리를 깎고
공(空)에 탐닉하여 유(有)를 손상시키려 하십니까?

이는 첩의 구구한 정을 말하려는 게 아니라
단지 당신이 후대를 구휼케 하고자 함입니다.

이에 승도가 답장을 보내 말하였다.
"무릇 임금을 섬겨서 한 나라를 다스림은 도를 펼쳐서

온 세상을 구제하는 일만 못 하고, 양친을 모셔서 일가를 흥성시킴은 도를 펼쳐서 삼계를 구제하는 일만 못 하다. 신체발부를 훼손하지 않는다고 하는 것은 세속에서나 근사한 말일 뿐으로, 다만 나의 덕이 멀리까지 미치지 못하고 두루 덮지 못하는 것을 부끄럽게 여긴다. 하지만 삼태기의 흙이 쌓여 산이 이루어진 것과 마찬가지로 미약한 것으로부터 드러나길 바란다.

또한 가사를 두르고 석장을 흔들면서 맑은 물을 마시고 반야를 읊조리니, 비록 공왕(公王)의 복식과 여덟 가지 진미의 반찬, 즐거운 악기 소리와 화려한 색상이 좋다 하나 그와 더불어 바꾸지 않겠다. 만일 약속할 수 있다면 함께 열반을 기약하는 일이다.

사람 마음이 각기 다른 것이 마치 사람 얼굴이 각자 다른 것과 같으니, 그대가 도를 즐기지 않는 것이 내가 세속을 그리워하지 않는 것과 같다. 양씨여, 영원한 이별이로다. 만세의 인연이 이제 단절되는구나. 이 해도 저물어가고 세월은 나를 기다려주지 않는다. 도를 배우는 사람은 나날이 멸이내는 것으로 뜻을 삼아야 한다.

그대는 나이와 덕이 젊고도 무성하니, 의당 빠른 시간 안
에 사모할 사람을 찾아야지, 도를 연모하는 남자에게 마
음을 기울여서 젊은 시절을 잃어버려서는 안 된다."

《역대삼보기(歷代三寶紀)》〈축승도(竺僧度)〉

"천지는 장구하나 인생은 한순간, 부귀영화라 해도 덧없기 그지
없으니, 사모하는 임이여, 저와 더불어 술잔을 기울이며 사랑을 나눕
시다."

평생을 기약했던 승도가 떠나가자 정혼녀인 소화(笤華)는 그 마음
을 돌이키고자 애달픈 심정을 담아 편지를 보낸다. 소화는 아름다운
용모에 깊은 학식까지 갖춘 여인이었다고 전해지는데, 실제로 편지 속
에서 우주와 인생에 대한 음미는 물론 욕망을 즐기며 희롱하는 탈속한
성품까지도 느껴진다. 인생을 '창문을 지나치는 회오리바람' 처럼 한순
간 일어났다가 이내 사라지는 허망한 몸짓으로 생각한 소화에게, 평생
은 '바람처럼 물처럼' 즐기며 살아도 아쉽기만 한 시간이었을 것이다.

하지만 "이 해도 저물어가고, 세월은 나를 기다려 주지 않는다"
는 승도의 대답 속에는 언제 스쳐가버릴지 모를 세월 속에서 뭔가 급

박하게 해야 하는 일이 있음을 말하고 있다. 그리고 그것은 욕망을 누리며 살자는 소화의 생각과는 정반대로 '나날이 덜어내는' 일이었다.

인생은 짧고 세월은 순식간에 흘러간다는 똑같은 생각을 하는 두 사람이었건만, 그 지향하는 바는 그렇듯 달랐던 것이다. 두 사람의 삶이 동반하기 어려움은 당연한 일이 아닐 수 없다.

승도가 추구한 삶보다 소화가 희망한 삶이 훨씬 화려하고, 호쾌하며, 자유로워 보일 수도 있다. 하지만, 해야 할 보람 있는 일을 발견하여 그에 애쓴 하루를 마친 사람과 하루하루를 취한 채 자리에 눕는 인생은, 눈 뜨고 깨어나는 다음날 아침의 마음 속에 벌써 그 우열이 가려질 수밖에 없다.

제 3 장

구름을 벗어난 달처럼

1.
게으르지 않음은 감로의 길

굳은 정진으로 이루어야 할 일,
깨치려는 욕심으로 해야 할 일,
나는 할 일을 다해 그르치지 말자.
이내 정진과 용맹을 보라.

너 또 내게 길을 일러라.

'열반'으로 나아가는 길을 일러라.

내 지혜로써 '열반' 알기를

갠지스의 강물이 바다로 돌아가듯 하리라.

《장로게》 바타소카 장로의 시

우리 속담에 '낙숫물이 댓돌을 뚫는다' 라는 말이 있다. 작고 보잘것없는 물방울들이 한 방울 한 방울 떨어져 단단한 돌덩이를 뚫듯이 작은 노력이라도 끈기 있게 계속하면 큰 일을 이룰 수 있다는 말이다. 대부분의 사람들이 이 말의 의미를 잘 알지만 실생활에서 그와 같이 노력하며 사는 사람은 그다지 많지 않다. 아마 긴 시간을 인내할 만큼의 끈기가 부족하거나, 쉬고 싶고 미루고 싶은 유혹에 빠지거나, 지레 겁먹고 그 가능성마저 포기하기 때문이 아닌가 한다.

우리는 모든 일들이 빨리, 쉽게 이루어지길 바란다. 그러나 이 세상에 호락호락한 일들이 어디 있을까. 별 볼일 없어 보이는 일들도 알고 보면 수많은 인내와 노력이 쌓이고 쌓여 이루어진 것들이다. 우리가 걸어 다니고, 말하고, 글씨를 쓰고 하는 너무나 일상적인 일들도 사실은 한순간에 쉽게 이루어진 것이 아니다. 수도 없이 시행착오를

겪으면서 꾸준히 준비하고 노력했기 때문에 얻어진 것들이다. 만약에 그러한 일들이 어렵고 힘들다고 '나중에 하지 뭐' 하면서 계속 뒤로 미루거나, '난 못하겠어!' 하면서 포기해버렸다면 우리는 아마 아직도 유아적인 틀을 벗어나지 못했을 것이다. 그러므로 꾸준히 노력한다면 비록 바윗돌과 같은 난관에 부딪친다 해도 그것을 일상적인 일로 바꿀 수 있을 것이요, 노력하지 않고 포기해버린다면 사소한 일들도 큰 어려움으로 받아들이게 될 것이다.

불교는 흔히 은둔 종교, 허무의 종교로 오해받는 경우가 있다. 그러나 불교는 끊임없는 노력으로 희망을 만드는 종교이다. 부처님께서는 스스로를 정진론자(精進論者)라고 하실 만큼 정진의 중요성을 강조하셨다.

불교는 신의 구원이나 우연을 근본적으로 배격한다. 불교는 인간 스스로의 끊임없는 수행으로써 깨달음을 얻고 스스로를 구원하는 것이라고 말한다. 결국 노력 없이는 구원이란 있을 수 없다는 말이다. 그러므로 부처님께서는 열반에 드시는 그 순간까지도 제자들에게 "모든 것은 변해 가나니, 게으름 없이 힘써 정진하라"고 당부하셨던 것이다. 이 말은 중생의 괴로움이 비록 진리에 대한 무지에서 생기지만, 진리에 대한 무지마저도 초극할 수 있는 것이 정진의 힘이며, 중생의 괴로움을 초래하는 더 큰 원인이 바로 게으름이라는 것이다. 그러기에 그런 스승의 가르침에 따라 굳은 정진으로 최상의 행복을 가꾸어가는 저 제자의 모습에서 더욱 수행자다운 아름다움이 느껴진다.

2.
내일보다 내생이 먼저 올지도 모른다

우리는 이승에서 죽어야 하는 것,
어리석은 사람은 이를 깨닫지 못한다.
사람이 만일 이것을 깨달으면
거기서 모든 다툼은 쉬어지리.

지혜 없는 사람은

자신들이 죽지 않을 것처럼 행동한다.

그러나 법을 아는 사람은

병든 사람들 사이에서 건강한 사람이다.

《장로게》 사비야 장로의 시

티베트 속담에 "내일보다 내생이 먼저 올지도 모른다"는 말이 있다. 내일이 오기 전에 죽음이 먼저 올 수도 있다는 말일 것이다. 우리는 지금까지 삶만을 생각했지 죽음을 생각한 적이 거의 없다. 그리고 죽음은 남의 일인 것으로만, 먼 훗날의 것으로만 생각해 왔다. 그러나 이미 죽어간 많은 사람들이 그와 같이 생각하며 꼭 해야 하고, 서둘러 해야 할 일들을 내일로 미루다가 내일을 보지도 못한 채 이 세상을 떠났다. 그러므로 우리는 내일을 너무 믿어서는 안 된다. 정말로 우리에게 내일이 다가오지 않을 수도 있으니까.

우리에게 내일이 오지 않는다면 우리는 무엇을 어떻게 해야 할까? 어차피 죽을 거니까 '될 대로 되라지'라며 헛되이 시간을 보내다가 무기력하게 죽음을 맞이해야 할까? 아니면 얼마 남지 않은 삶 동안 하고 싶었던 것이나 실컷 하면서 쾌락이나 맘껏 즐기나 가야 할까?

그러나 자신을 진정으로 사랑하고 삶에 대해서 조금이나마 진지하게 생각해 봤던 사람이라면 결코 그 아까운 시간을 무가치하게 보내지 않을 것이다. 가장 시급하고 꼭 해야 할 일부터 계획을 세워서 차례차례 이루어나갈 것이다. 그동안 등한시했던 자신의 존재에 대해서, 자신의 삶에 대해서, 자신이 만나왔던 사람들에 대해서 차분히 돌아볼 것이고, 어떻게 하면 오늘 하루를 한 치의 후회 없이 살아갈 수 있을지를 생각해 볼 것이다.

우리의 삶을 성스럽지 못하게 하는 바르지 못한 생활을, 잘못된 자기 사랑에 부질없이 욕심 부리고 시기하고 질투하던 나쁜 버릇을, 늘 감사함을 느끼면서도 왠지 부끄러워 말 한 마디 건네지 못한 미련함을, 주위의 이목 때문에 자신의 주장을 외치지 못한 어리석음을 과감히 정리할 것이다. 그리고 늦기 전에 내 삶이 끝나기 전에 감사해야 할 사람에게 감사의 말을, 용서를 빌어야 할 사람에게 용서를, 사랑의 말을 전해야 할 사람에게 사랑의 말을, 만나는 사람들마다 다시 보지 못할 사람처럼 간절한 마음으로 친절과 호의를 전해야 한다.

불자는 이와 같이 하루를 늘 감사하고 사랑하며, 자신이 해야 할 일을 힘써 찾아서 해야 한다. '내일 해도 되잖아' 하며 일을 뒤로 미루거나 '오늘 하루를 어떻게 살까?' 하고 주저하지 않고, 오늘 하루에 일생이 걸려 있다고 여기며 만나는 사람마다 간절한 마음으로 친절과 호의를 베풀고, 하는 일마다 최후의 작품을 만드는 마음으로 최선을 다해야 한다. 오늘의 우리가 부처님을 닮도록, 우리의 삶이 바로 부처님의 삶이 되도록 노력해야 할 것이다.

　게으른 부처님, 무자비한 부처님이 없듯이 게으른 불자, 무자비한 불자, 어리석은 불자도 없어야 한다. 단 하루를 살아도 억겁을 사는 것처럼 최선을 다해야 하고, 단 한순간을 살아도 자비를 실천하고 깨달음을 향하여 나아가는 삶이 불자다운 삶이다. 그러므로 하루해가 지면 두 다리 뻗고 엉엉 울었다는 옛 스님처럼 간절한 마음으로 오늘을 사는 불자가 되어야 할 것이다.

3
죽은 게 아니라 잠들어 있을 뿐

나의 공부 하도 느렸기 때문에

처음에는 모두에게 업신여김 받았나니

먼저 형이 나를 쫓아내면서

'이제 너는 떠나 집으로 가라' 고 했다.

이렇게 쫓겨나

나는 승원의 통로에 있는 창고에
낙심하고 조용히 서 있었다.
부처님의 가르침을 기대하며….

거기에 존경하는 스승이 오셔서
나의 머리를 쓰다듬으면서,
나의 손을 잡고 가람으로 들어가셨다.

스승님은 나를 가엾이 여겨
발 닦는 수건을 친히 주시며
'네 마음을 한 곳에 모아
이 깨끗한 것(수건)에 머물게 하라'고….

세존의 말씀을 듣고
그 가르침에 즐거이 머물러
최상의 이익을 얻기 위해
부지런히 힘써 삼매를 닦았다.
내 전생의 일을 알고

하늘 눈이 깨끗해졌다.
삼명을 통달하고 부처님의 가르침을 성취했다.

《장로게》 추다판타카 장로의 시

얼마 전 아는 분의 점심 초대를 받아 교외에 있는 그의 집으로 갔다. 그 집 주인의 정성이 고스란히 배어 있는 정원에는 여러 가지 꽃과 나무들이 여기저기에 소담하게 자리잡고 있었다. 그런데 한쪽 어귀에 보니 가지만 앙상하게 남은 나무가 있어서 '왜 죽은 나무를 그냥 뒀지?' 하며 가까이 가 보았다. 자세히 보니 가지마다 연두색 새순이 삐죽이 얼굴을 내밀고 있는 것이었다. "죽은 줄 알았는데 살아있네요"라고 말했더니 그 주인은 이렇게 말하는 것이었다. "나무는 죽었다고 하는 게 아니라 잠들어 있다고 하는 거래요. 언제 다시 새순을 피울지 모르니까요."

'죽은 게 아니라 잠들어 있는 것'

다 죽은 줄 알았는데 새순이 돋는가 하면 나무 밑둥까지 온통 말라버렸다 해도 잠들어 있던 뿌리를 깨우는 인연을 만나면 새순이 두꺼운 대지를 뚫고 나오게 된다. 사람들도 그와 같다.

추다판타카는 지적 수준이 많이 떨어졌던 것 같다. 하나를 가르쳐주면 하나를 까먹어 버렸다. 형인 마하판타카는 그에게 이것 저것 가르쳐주다가 도저히 안 되겠다고 생각해서 집에 가서 집안 일이나 하라고 절 밖으로 내보냈던 것이다. 친형마저도 가르치기를 포기했던 사람이었으나 부처님의 지도를 받음으로 해서 잠들어 있던 그의 가능성이 깨어나 부처님이 인정하는 제자가 되었던 것이다.

누군가를 가르치다 보면 '어쩜 저리도 못할까?' '내가 저 사람에게 이걸 가르쳐준다고 알기나 할까?' 하는 생각이 들 때도 있다. 그래서 가르치기를 포기하는 경우도 있다. 그러나 누가 알겠는가? 그렇게 형조차도 포기했던 바보가 성인의 대열에 들어설 줄을….

훌륭한 스승은 겉으로 드러난 모습이나 상태만을 보지 않고 잠들어 있는 가능성을 일깨워주는 사람이며, 그 가능성을 계발시켜주는 사람이다. 자신을 바라볼 때나 다른 사람을 바라볼 때 눈에 보이는 현상만으로 재단하지 말고 그 안에 있는 무한한 가능성의 씨앗을 볼 줄 아는 지혜를 가져야 하지 않을까?

4
한 발자국의 자유

부처님은 강가강 기슭을 떠나 다시 북쪽으로 올라가, 나티카의 어떤 대장장이 집에 머물러 계셨다.

그때 아니룻다·난디·쿰비라 등 세 수행자는 고싱가 숲 속에서 공부하고 있었다. 어느날 저녁, 부처님은 선정에서 일어나 숲을 찾아가셨다.

아니룻다는 이 소식을 듣고 난디와 쿰비라에게 달려가

알렸다.

"벗들이여, 부처님께서 오셨다."

세 사람은 부처님께 나아갔다. 한 사람은 부처님의 옷과 바리때를 받들고, 한 사람은 자리를 준비하고, 또 한 사람은 발 씻을 물을 준비하였다.

부처님께서는 자리에 앉아 아니룻다에게 말씀하셨다.

"아니룻다여, 너희들은 편안하느냐? 수용은 어떠냐? 공양 얻기에 곤란은 없느냐?"

"세존이시여, 저희들은 모두 편안합니다. 수용도 잘 되고, 공양 얻기에도 곤란은 없습니다."

"아니룻다여, 너희들은 서로 화목하여 다툼이 없느냐? 젖과 물처럼 서로 어울리고, 서로 사랑하고, 서로 돌보며 사느냐?"

"세존이시여, 그러하나이다."

"아니룻다여, 너희들은 어떻게 서로 화합해 사는가?"

"세존이시여, 저는 이렇게 생각하고 있습니다. '이러한 동행자들과 함께 살 수 있는 나는 행복하다' 저는 겉과 속이 다름이 없이, 자비스런 행동과 말과 뜻으로써 이 벗들을 섬기고 있습니다.

세존이시여, 그래서 저는 이렇게 생각합니다. '나는 내 마음을 버리고, 이 벗들의 마음과 하나가 되자'고. 그래서 저는 제 마음을 버리고 이 벗들의 마음과 하나가 됩니다.

세존이시여, 몸은 따로따로이지만, 저희들의 마음은 하나입니다."

《중아함경》제17권

우리 속담에 '한 어미 자식도 오롱이조롱이'라는 말이 있다. 한 부모에게서 태어난 자식조차도 외모와 성격, 생활 방식이나 가치 등이 서로 다르다는 말이다. 형제지간도 그럴진대 다른 사람들이야 오죽하겠는가. 이 지구상에는 수십억의 사람들이 서로 생각하는 것도, 생활하는 것도, 사용하는 언어도, 믿는 종교도 다른 속에서 어울려 살아가고 있다. 그렇게 서로 다른 사람들이 서로 부딪히며 살아서 그런지 지구촌 곳곳에서는 크고 작은 분쟁이 끊임없이 일어나고 있다. 우리 주변에서도 내 편 네 편을 갈라 으르렁대는 모습들을 자주 볼 수 있다.

과연 우리들은 서로 어울리지 못하고 투쟁과 대립 속에서만 살아야 하는 것일까?

　　하루 일과를 끝내고 집으로 돌아올 때면 사람들의 어깨는 축 처지고, 다리는 천근만근이다. 그런 몸으로 지하철을 기다리다 보면 '빈 좌석이 있어 앉아서 갈 수 있으면 좋을 텐데…' 하는 생각을 하게 된다. 그러나 늘 그랬던 것처럼 지하철은 초만원이거나 빈 좌석을 찾아보기 어렵다. 혹시 내리는 사람이 없나 주위를 둘러보게 되고, 다른 자리는 일어서는 사람이 많은데 내 앞자리만 유독 비지 않으면 '참 재수도 없다'는 생각을 하게 된다. 그러면서 앞에 앉은 사람이 괜히 미워진다. 또한 앞자리에 앉은 사람이 일어설 것 같은 기미가 보이면 옆에 서 있는 사람이 마치 경쟁자라도 되는 듯 자꾸 그 사람에게 눈길이 가고, 다행스럽게 자리를 잡고 앉아 있는데 나이드신 분이 다가오기라도 하면 '눈을 감아버릴까?' 하는 생각을 하기도 한다. 자신이 너무 힘들어서 조금만 편했으면 하는 바람 때문에 이러한 생각을 하는 것은 어쩌면 당연한 일인지도 모른다.

　　오직 나를 중심으로 바라보면 세상은 참으로 짜증나고 한숨지을 일이 한두 가지가 아니고, 주변은 온통 경쟁자나 미운 사람으로 가득차 있다. 그것은 분명 구속이고 걸림임에 틀림없다. 별 것도 아닌 이런 조그마한 욕심이 족쇄가 되어 우리의 마음을 구속하고 만다.

그러나 다시 한번 생각해 보자. '얼마나 힘들었으면, 오죽 피곤했으면 저런 모습으로 잘까?' '내가 앉을 수도 있지만 더 힘든 사람을 위해 양보해야지' 하는 조그마한 마음의 여유를 되찾는다면 주변의 사람들은 너무나 평범해 보이고 어쩌면 불쌍해 보일지도 모른다. 나보다 더 힘들어 보이는 사람들이 어떻게 경쟁자가 되겠는가? 또한 앉은 자리를 양보하는 것도 하나의 즐거움이 될 수도 있지 않을까?

내 아이들이 내 뜻대로 자라주지 않는다고, 남편이나 아내가 내가 바라는 것을 제대로 챙겨주지 않는다고, 친구들이 내 맘을 몰라준다고, 주변 사람들이 내 맘 같은 사람이 없다고 짜증내고 불평하고 화를 내고, 심지어는 싸움을 하고 있지는 않은가. 다들 나름대로 잘하고 싶지만 어디 세상이 그리 호락호락한가. 돈을 못 벌어 온다고, 무능력하다고 바가지를 긁어 왔지만 회사에 나가서 하루하루 얼마나 힘들게 일하고 있을까, 집에서 놀면서 뭘 하냐고 핀잔을 해왔지만 아침부터 저녁 늦게까지 쉬지 않고 일해도 표가 나지 않는 집안 일로 얼마나 피곤할까, 이런 생각을 하면 짜증과 불평이 아니라 상대에 대해 안타까운 마음이 들지 않을까? 다들 전쟁을 치르듯 하루하루를 살아가고, 그래서 몸과 마음이 모두 지쳐 있는 우리들이다. 나만 힘들고 지쳐 있다는 마음을 버리고 상대방의 마음과 하나가 되어 보자. 역지사지의 마음으로 서로 위로하고 격려하는 것은 쌓인 피로들을 씻어내는 감로수가 되고, 서로의 경계심과 적대감을 허물어 하나가 되도록 할 것이다.

'한 발자국의 여유' 그것은 지금까지 우리가 놓치고 살아왔던 자유와 행복의 쉼터를 찾아줄 것이다.

5. 업의 상속자

거칠고 사납게 행동하는 무리는
여러 가지 폭력으로 사람을 괴롭히고
그도 또한 남에게 시달리나니
지은 업은 멸하지 않기 때문이다.

선으로나 악으로나

사람이 만일 업을 지으면

그는 낱낱이 빠짐없는

그 업의 상속자 되네.

《장로게》 죠치다사 장로의 시

    업(業)이란 산스크리트어로 카르마(karma)라고 하는데, '행동' 또는 '작용'이라는 뜻이다. 그렇다고 모든 행동이나 작용이 업이 되는 것은 아니다. 자신의 의도에 따른 행동이나 작용을 업이라고 하는 것이다. 무엇인가 하려는 의지는 행동으로 이어지고, 그 행동은 결과를 낳게 된다. 즉 인간의 의지적 행동이 원인이 되어 대상의 필연적 반응으로써 과보를 받게 된다는 것이다. 이를 업인과보(業因果報)의 법칙이라고 한다. 줄여서 업보라고도 부른다.

    업인과보의 법칙이란 '뿌린 대로 거둔다'는 것이다. 즉 착한 일을 하면 좋은 결과를 받고, 악한 일을 하면 나쁜 결과를 받게 된다는 것이다. 인간의 행복과 불행은 모두 스스로의 마음과 행동과 말로 지은 업으로 인해 돌아온 결과라는 것이다. 그래서 부처님은 이렇게 말씀하신다.

"모든 일은 마음이 근본이 된다. 마음에서 나와 마음에서 이루어진다. 나쁜 마음을 가지고 말하거나 행동하면 괴로움이 그를 따른다. 수레바퀴가 마소의 발자국을 따르듯이《법구경》."

현실의 우리는 과거의 행위로부터 자유로울 수 없고, 우리의 미래도 현재의 나와 무관할 수 없다. 그래서 '전생의 나의 모습을 알고 싶은가? 금생에 내가 받고 있는 것이 그것이다. 다음 생의 나의 모습을 알고 싶은가? 현재에 내가 하는 행위가 그것이다'라고 한다. 이 말은 행복이나 불행의 원인은 밖에 있는 것이 아니라 스스로에게 있고, 그러므로 스스로의 행위에 대한 책임을 스스로 져야 한다는 것이다.

우리는 때론 누군가에게 돈을 빌려줬는데 못 받는 경우도 있다. 그러나 자신이 지은 업은 반드시 받게 된다. 그래서 부처님께서는 "이미 행한 일은 돌이킬 수 없다"고 하셨다.

또 말씀하셨다.

"설사 저 허공을 땅으로 만들고 땅을 허공으로 만들 수 있다 해도 이미 뿌려놓은 인연의 씨앗은 썩어 없어지지 않고 남아 있나니, 인연이 무르익는 날에는 그 결과를 반드시 받아야 하리《증일아함경》."

이 말은 어떤 사람이라도 착한 일을 하면 반드시 복을 받고 악한 일을 하면 반드시 벌을 받는다는 뜻이다.

그런데 우리 주위에는 착한 일을 하지 않았는데도 복을 받고, 늘 묵묵히 자기 일을 하고 헌신적으로 남을 돕는데도 힘겹게 살아가는 사람들이 있다. 그런 사람을 보면 업인과보가 어디 있느냐고 반문하게 된다. 어찌 보면 그러한 현상에 대해 신의 뜻이나, 운명이나, 우연으로 설명하는 것이 쉽고 간단하겠다는 생각이 들기도 한다. 그러나 우리는 현실적으로 경험하고 확인할 수 있는 인간의 의지와 행위에 의한 결과를 도외시하고 증명 불가능하고 가설적인 어떤 원리로 그러한 현상을 설명할 수는 없다.

그러면 그러한 현상을 어떻게 이해해야 할까? 그것은 그 업에 대한 조건이 아직 성숙되지 않았기 때문으로 보아야 한다. 어떤 씨앗은 빨리 싹이 트는가 하면, 어떤 것은 아주 늦게 싹이 트기도 한다. 이처럼 우리들이 짓는 업도 어떤 것은 빨리 그 결과가 나타나는가 하면, 어떤 것은 한참 만에 나타나기도 한다. 부처님께서는 "만일 고의로 업을 지을 때는 반드시 그 보를 받나니, 현세에 받을 때도 있고 내세에 받을 때도 있다"고 하셨다. 즉 지은 업은 삼세 윤회하면서 결국 그 과보를 받게 된다는 것이다.

농부들은 부지런히 씨앗을 고르고, 논을 갈고, 모내기를 하고, 김을 매고, 비료를 주는 등 온갖 정성과 노력을 기울인다. 만약에 어떤 농부가 여름쯤 돼서 '이렇게 열심히 일했으면 지금쯤 벼가 누렇게 익어야 하는 거 아냐?' 라고 한다면 날씨가 더워서 실성한 사람으로 여길지도 모른다.

우리가 인과를 없는 것처럼 생각하는 것은, 그 조건이 성숙해서 선행이나 악행에 대한 열매를 모두 확인할 수 있을 만큼의 시간을 살지 못하기 때문이고, 모든 인과를 내다볼 만큼의 긴 안목이 없기 때문이다. 그래서 부처님께서는 다음과 같이 말씀하신다.

"그 악이 익지 않을 때까지는 요사스런 사람도 복을 만난다. 그러나 그 악이 익음에 미쳐서는 스스로 죄를 받아야 한다. 선행을 하는 사람도 그 선행이 익을 때까지는 재앙을 만난다. 그러나 그 선행이 익음에 이르러서는 반드시 복을 받게 된다《법구경》〈악행품〉."

그러므로 우리는 내가 지은 업은 반드시 내가 책임진다는 인과의 법칙에 따라, 나쁜 행동을 하거나, 나쁜 말을 하거나, 나쁜 생각을 삼가며 복 짓는 일을 하여야 할 것이다.

6.
<u>구름을 벗어난 달처럼</u>

이전에 게으르던 사람이라도

뒤에 게으르지 않는다면,

그 사람은 이 세상에서 빛을 낸다.

구름을 벗어난 달과 같이.

이전에 악한 행을 했던 사람이라도

뒤에 선으로 보상한다면,
그 사람은 이 세상에서 비춘다.
구름을 벗어난 달과 같이.

이전에 나는 가해자였고
나의 이름은 상해하는 자였으나,
지금 나는 어떠한 사람도 해치는 일이 없다.

나는 이전에는 앙굴리마라,
자른 손가락으로 만든 목걸이를 한 자라는 악명으로 알
려져 있었다.
커다란 격류에 떠내려가고 있었으나
이미 붓다에 귀의하기에 이르렀다.

나는 이전에 손이 피로 물들어진
앙굴리마라라는 악명으로 알려져 있었다.
내가 귀의한 것을 보라.
미혹의 생존에 인도하는 원인은 뿌리째 뽑았다.

악한 생존에 인도하는 그와 같은 많은 악업을 짓고

악업의 과보에 접촉하고 있었는데,

이제 나는 부채 없는 자가 되어 베푸는 음식물을 수용

한다.

숲 속에서 혹은 나무 뿌리 위에서,

산중에서 혹은 동굴 속에서,

도처에서, 그때 나는 겁에 질려 있었다.

그러나 지금 나는 행복하게 잠자고,

행복하게 일어나서, 행복하게 생활하고 있다.

악마의 밧줄에 걸리는 일도 없다.

아! 나는 스승의 자비심을 받고 있는 것이다.

《장로게》앙굴리마라 장로의 시

업보란 절대자의 섭리나 정해진 운명이 아닌, 인간의 의지와 행
동에 따라 그 결과를 자신이 받는 것이다. 그린데 우리는 이 업보에 대

해 잘못 이해하는 경우가 많다. 즉 과거 예속적으로, 운명적으로, 혹은 부정적으로 이해하는 경향이 있다는 것이다. 많은 사람들이 어떤 시련을 당할 때 '전생에 무슨 업보를 지었기에 내 삶이 이렇게 고달픈가?' 하고 생각한다. 이는 현재의 고난이 전적으로 과거의 죄악에 의한 피할 수 없는 것이기 때문에 어쩔 수 없이 받아들여야 한다는 뉘앙스가 풍긴다.

그러나 부처님은 "과거의 잘못을 시인하고 지금 그 죄과를 받아야 한다"거나, "인간의 행복과 불행은 전생의 업보에 의해 이미 정해진 것이니 그냥 받아들이라"고 말씀하시지 않는다. 부처님이 주목하신 것은 인간의 의지와 그에 따른 행동에 의한 현실적인 삶의 변화이다. 설령 전생에 죄업을 지어 현실의 상황이 고통스럽다 하더라도 거기에 머무르지 말고, 자신이 처한 환경을 바로 보아 자신의 의지로 스스로 삶의 가치를 창조하라는 것이다. 그래서 부처님은 "출생을 묻지 말고 단지 행위를 물어라"라고 말씀하시는 것이다. 이 말은 기억도 못하는 전생에 어떠한 업을 지었는가에 얽매여 고통을 배가시키지 말고, 현재 어떠한 의지로 어떻게 행동하고 있는가를 살펴보아 복 짓는 행위를 하라는 말이다.

부처님이 업보에 대해 말씀하신 것은, 우리의 현실 상황이 우리가 지금까지 지어온 업의 결과임과 동시에 새로운 업이 작용해야 할 대상임을, 특히 악업의 굴레에서 벗어나 선행을 꾸준히 쌓아가야 함을, 자신의 주체적인 의지와 노력으로 스스로 삶을 창의적으로 개척해 나가야 함을 일깨워주시기 위한 것임을 알아야 한다.

앙굴리마라 존자는 출가하기 전에 99명의 사람을 죽이고 100번째인 부처님을 살해하려다 오히려 부처님의 감화를 받고 출가하게 된다. 그리고 끊임없는 수행정진을 통해서 아라한이 된다. 만약 그가 과거의 죄악 때문에 죄의식과 두려움에 갇혀 현실을 제대로 살아가지 못했다면 결코 마음의 평화와 행복을 이루지 못했을 것이다.

과거의 어두운 굴레에서 벗어나지 못해 괴로워하지 말고 새로운 마음으로 다시 시작하자. 과거의 노예로 산다는 것은 그 어디에서나 불안한 것이다. 그러므로 지금 이 순간부터 악마의 밧줄에 걸리지 않는 바른 행동을 통해 자신의 가치를 창출하고 행복과 평화를 가꿔나가야 한다.

7.
항상 당신만 바라봅니다

바라문이시여, 저는 지혜가 많은 고타마, 지혜가 넘치는 고타마 곁을 떠나서는 한 시도 살 수 없습니다.

그 즉시 과보가 있고, 시간을 초월한 진리, 즉 번뇌 없는 애착의 소멸을 고타마께서는 저에게 설해주셨습니다. 그분에게 견줄 이는 아무 데도 없습니다.

바라문이시여, 저는 게으르지 않게, 밤낮으로 마음의 눈을 가지고 그분을 보고 있습니다. 그분을 예배하면서 밤을 보냅니다. 그러므로 그분을 떠나 살고 있는 것이 아니라고 생각합니다.

내 신앙과 기쁨과 마음과 생각은 고타마의 가르침에서 떠나지 않습니다. 지혜 많으신 분이 어느 쪽으로 가시거나, 저는 그곳을 향해 예배하겠습니다.

저는 이제 늙어서 기력도 없습니다. 그러므로 제 몸은 그곳으로 갈 수 없습니다. 그러나 생각은 항상 그곳에 가 있습니다. 바라문이시여, 내 마음은 그와 맺어져 있습니다.

저는 더러운 흙탕에 누워, 여기저기 떠다녔습니다. 그러다가 마침내 거센 흐름을 건넌, 더 없이 깨치신 분을 만났습니다.

《숫타니파타》

흔히 불교를 깨달음의 종교라고 하여 믿음의 중요성을 간과하는 경우가 있다. 그러나 불교 역시 믿음에 기초하고 있는 종교임에 틀림 없다. 믿음은 불교 수행의 첫 단계이자 그 자체로 커다란 공덕을 불러오는 수행 덕목이다.

우리는 믿음이 흔들릴 때마다 불안하고 무기력해지고 외로워진다. 반면 믿음이 튼튼해질 때 외로움을 극복하고 더욱 활기찬 삶을 살게 된다. 우리는 믿음 없이는 단 하루도 살 수 없다. 예를 들어, '오늘 밖에 나가면 교통사고 당할지도 몰라' '집 안에 있다가 지붕이 무너지면 난 어떻게 되지?' '세상에 믿을 사람이 어디 있어. 이 음식은 몸에 유해한 재료로 만들었을 거야' 등등…. 이런 생각, 이런 의심을 하게 되면 어떻게 될까? 어디 나다닐 수도, 그렇다고 가만히 앉아 있을 수도 없게 될 것이다.

우리가 살아가고 있다는 것은 그만큼의 믿음이 있다는 것이다. 믿음은 인간 존재를 가능케 하는 정신적 바탕이다. 그래서 부처님께서는 "이 세상에서는 믿음이 으뜸가는 재산이다. 덕행이 두터우면 안락을 가져오고, 진실이야말로 맛 중의 맛이며, 지혜롭게 사는 것을 최상의 생활이라 할 수 있다〈숫타니파타〉"라고 말씀하셨다.

의심 많은 사람은 아무 일도 이루지 못한다. 선생님의 가르침을 의심한다면 배울 수 없을 것이고, 스스로를 의심하면 배울 때가 없게 될 것이다. 반면에 믿음은 불가능을 가능으로, 불행을 행복으로, 악을 선으로,

중생을 부처로 이끄는 근본이 된다. 그러기에 믿음은 가장 훌륭한 재산이며, 도의 근원이요, 공덕의 어머니라고 한다.

불자들은 보통 부처님과 부처님의 가르침과 스님들을 믿음의 대상으로 삼는다. 이 세 가지를 삼보라 하는데, 이 삼보에 돌아가 의지하는 것을 '삼귀의' 라고 한다. '귀의' 는 단순한 믿음이 아니라 자신이 가장 소중하게 여기는 목숨마저도 다 바쳐서 부처님과 하나가 되고자 하는 것을 말한다.

그러므로 불교에서 말하는 믿음은 이리저리 따지고 헤아려 분석하는 알음알이가 아니다. 지적인 허영을 채우기 위한 메마른 지식으로는 불교 철학은 할 수 있어도 부처님과의 진정한 만남은 이룰 수 없다. 또한 참다운 믿음은 특정한 때만, 부처님 앞에서만 머리 조아리고 마는 것이 아니다. 언제, 어디에 있든 항상 부처님과 함께 한다는 믿음으로 생활하는 것이다. 가슴 깊숙한 곳에서 우러나오는 부처님에 대한 지극한 신심은 부처님과 자신의 간격을 좁혀주며, 주파수나 채널을 맞추어 부처님이 자신의 마음 속에 생생하게 살아 계시도록 해준다.

이렇게 간절히 믿는 데는 이유가 있다. 동쪽으로 굽은 나무는 동쪽으로 쓰러지듯 그 믿음으로 해서 행복과 깨달음의 길로 나아가게 되기 때문이다.

차라리 한량 없는 겁에 모든 악도의 고통을 받을지언정
여래를 버리고 떠나기를 원치 아니하며, 차라리 모든 중
생을 대신하여 일체의 고통을 두루 받을지언정 부처님
을 버리고 안락하기를 원치 아니하며, 차라리 모든 악한
세상에 머물러 항상 부처님 이름을 들을지언정 선한 세
상에 가서 잠시라도 부처님 이름을 듣지 못함을 원치 아
니하며, 차라리 모든 지옥에 가서 일일이 수없는 겁을
지날지라도, 부처님을 멀리 떠나서 악한 세상 벗어나기
를 구하지 아니하느니라.

어떤 까닭으로 일체 악한 세상에 길이 머물지라도, 여래
를 뵈옵고자 원하는가.

만약 부처님을 뵈면, 일체의 고통을 영영 벗어나고, 부
처님 지혜의 세계에 돌아가며, 모든 장애를 벗어나 다함
없는 행복을 길이 누리며, 깨달음의 길을 성취하는 까닭
이니라.

《화엄경》

8.
<u>핑계 없는 무덤 없다</u>

너무 춥다고, 너무 덥다고,

너무 늦었다고 핑계하면서

젊어서 할 일을 내버려두면

기회는 어느 새 지나가고 마나니.

추위나 더위 보기를

풀잎보다도 못 하게 보아

사내의 할 일을 해 마친 사람,

그에게는 안락이 멀지 않나니.

《장로게》 마아탕가 장로의 시

'핑계 없는 무덤 없다' 는 말이 있다. 사람들은 어떤 일을 하고 싶지 않거나 미루고 싶을 때, 어떤 나쁜 결과에 대한 책임을 회피하기 위해서 핑계를 댄다. 잘못에 대한 화살을 맞고 싶지 않아서 그 원인을 밖에서 찾으려는 자기합리화의 수단이 바로 핑계다.

어떤 사람이 길을 가다 돌부리에 걸려 넘어졌다고 하자. 그는 화가 나서 돌멩이를 탓하고, 환경미화원을 탓하고, 시청 공무원과 시장을 탓할 수도 있다. 이처럼 그 잘못을 환경의 탓으로 돌리는 경향을 우리 주변에서 많이 보게 된다. '만일 내가 부잣집에 태어났다면 공부도 잘했을 텐데…' 하면서 공부 못 하는 것을 가난의 탓으로 돌리고, '만약 내게 여유로운 시간이 많다면 참선도 하고, 기도도 하고, 불교공부도 열심히 할 텐데…' 하면서 시간을 탓한다. '만일 내가 돈이 좀 많았다면…' '만일 다른 나라에서 태어났다면…' '내가 조금만 젊었다면…'

하면서 주변 환경을 탓하고 과거를 그리워한다. 그러나 그런다고 해서 자기가 저지른 잘못이나 놓친 기회가 번복되지는 않을 뿐 아니라 그럴 듯 하게 핑계를 대고 누구를 탓하더라도 자신의 잘못이 정당화되지 않는다.

'땅에서 넘어진 자 땅을 짚고 일어서라' 는 말이 있다. 누구를 탓하기 전에 먼저 자신에게 발생한 문제를 바로 봐야 하고 그 문제를 해결해야 하는 것이 급선무다. 그리고 다음에는 그와 같은 일이 발생하지 않도록 더욱 신중하게 행동하는 것이 문제를 극복할 수 있는 길이다. 문제의 본질은 보지 않고 문제에서 벗어날 궁리만 한다면 언제나 실패자로 남을 수밖에 없다. 실패한 사람들의 공통점은 바로 핑계거리가 많다는 것이며, 그 핑계에는 자신의 잘못에 대한 내용을 거의 찾아볼 수 없다는 것이다. 그들은 거의 완벽한 핑계거리로 그 실패의 이유를 설명하지만 그로 인해 그들은 핑계라는 무덤에 스스로를 묻고 만다.

9.
<u>머리에 붙은 불을 먼저 꺼라</u>

천천히 해야 할 때 서두르고

서둘러야 할 때에 게을러

일 처리를 바로 하지 못하는

이 어리석은 사람은 고통을 받는다.

이 사람의 이익이 줄어들기가

마치 보름을 지낸 달과 같나니
그는 욕됨과 부끄러움 당하고
또 친구들과 멀어진다.

천천히 해도 좋을 때 천천히 하고,
급히 해야 할 때 급히 하는 현자는
바른 도리에 의하여 처리함으로써 행복을 얻는다.

그들의 모든 일은 원만해진다.
보름이 되면 달이 차는 것과 같이,
그는 명예를 얻고, 벗들과도 어울린다.

《장로게》 산부카 장로의 시

　　얼마 전 컴퓨터를 새로 샀다. 예전에 쓰던 컴퓨터는 구입할 때만
해도 최고의 성능을 가진 제품이었지만 기술의 발달과 함께 새로운 제
품이 쏟아지면서 그야말로 구닥다리 퇴물이 되고 말았다. 간단한 워드
작업만 하면 모를까 터무니없이 모자라는 메모리나 하드의 용량, 너무

나 더디게 뜨는 그래픽 환경, 답답한 속도 때문에 어쩔 수 없이 새 제품을 사야 했다. 전에는 괜찮았던 컴퓨터가 속도가 느려 답답함을 느낀다는 것은 그만큼 사회의 변화 속도가 상대적으로 빨라지고 있음을 의미하는 것일 것이다. 또 어느 샌가 나도 모르게 잠깐 기다리는 여유를 잃고 고속도 아닌 초고속의 시대 한가운데서 조급증 환자가 되어 '빨리 빨리'를 외치고 있음을 보고, 무엇 때문에 이렇게 서두르나 하는 생각을 하게 된다.

어려웠던 시대에는 경제부흥을 위해 '남들보다 더 많이, 더 빨리' 하지 않으면 안 되었고, 정보화시대라고 하는 요즘은 홍수처럼 넘쳐나는 정보를 빨리 검색하고 선별해서 자기화해야 한다. 그래서 빠른 속도는 미덕이고 가치 있는 일로 여겨지기도 한다. 그러나 빨리 빨리 일을 처리하고 성취하는 것은 좋은 일이지만, 자칫 목표 달성에만 매달려 사전 준비나 추진 과정, 내용 같은 면을 간과하는 경우를 종종 보게 된다. 그 결과는 허망하고 비참하게 다가올 수도 있다. 우리가 서둘러야 하는 것은 장밋빛 미래를 향한 발걸음이 아니라 내딛는 걸음마다 쏟아내야 할 꼼꼼한 배려와 정성이다.

"빨리 할 것은 천천히 하고 천천히 할 것은 도리어 빨리 하면 이것은 바른 이치에 어긋나니 어리석은 사람이나 하는 짓이다《근본설일체

《유부 비나야잡사》제40권."

　　너무나 바쁘게 돌아가는 세상에 우리는 진정 서둘러야 할 일에
서두르고 있는가를 반성해 보고, 서둘러야 할 일은 무엇인가를 생각해
봐야 할 것이다. '좀 있다 하면 어때. 닥치면 그때 벼락치기 하지 뭐'
'나에겐 이게 더 급해' 하며 지금 해야 할 일에 대해 안이하게 생각하
거나 미루고 있지는 않은지 모르겠다.

　　다들 바쁘다고 야단이지만 정작 머리에 붙은 불은 놔두고 남의
집 불구경하느라 정신을 뺏겨 바쁘다고 하는 것은 아닌가. 혹시 '설마
죽기야 하겠어' 하며 게으름을 피우고 있지는 않은지 모르겠다.

　　지금 나에게 서둘러서 해결해야 할, 머리에 붙은 불과 같은 중요
한 문제는 무엇일까? 그것을 서둘러 해결한다면 나머지는 그래도 좀
여유 있지 않을까?

10.
<u>앗! 썩은 손가락이다</u>

나는 앉아 있는 장소에서 내려와서, 탁발을 위하여 도시
에 들어갔다. 식사를 하고 있는 한 사람의 나병환자에게
가까이 가서, 그의 옆에 공손히 섰다.

그는 썩은 손으로 한 주먹의 밥을 받쳐 주었다. 그가 한
주먹의 밥을 발우에 넣어줄 때, 그의 손가락 또한 끊어
져 거기에 떨어졌다.

벽 밑에서 나는 그 한 주먹의 밥을 먹었다. 그것을 먹고 있을 때도, 다 먹은 다음에도 나에게는 혐오스럽다는 생각이 존재하지 않았다.

대문 앞에 서서 탁발로 얻은 것을 먹을 것으로 하고, 냄새나는 소의 소변 같은 것으로 만든 것을 약으로 하여, 나무 밑을 앉고 누워 자는 장소로 하고, 누더기로 기워 입은 옷을 의복으로 하고, 그것으로 만족하고 있는 사람, 그 사람이야말로 사방의 사람이다.

《장로게》마하카샤파 장로의 시

인간이 살아가는 가장 기본이 되는 것은 두 말할 것도 없이 의식주의 문제이다. 그래서 어떤 심리학자는 가장 기본적인 생리적인 욕구가 충족되고 해결되고 나서야 보다 높은 수준의 안전의 욕구나, 소속감에 대한 욕구, 자존심의 욕구 등이 차례로 일어난다고 한다. 게다가 자아실현의 욕구는 가장 높은 단계의 욕구여서 하위의 욕구들이 어느 정도 충족되고 난 후에야 일어난다고 한다. 그런데 의식주를 비롯한 이 모든 욕구들은 어느 정도까지가 결핍상태인지 그 경계가 없다. 니

무나 좋은 집에서 맛있는 음식을 먹고 멋있는 옷을 입고 다니면서도 더 넓고 편한 집, 더 맛있는 음식, 더 멋진 옷을 찾는 것을 멈추지 않는 다면 의식주의 문제에서 벗어나지 못한 상태라고 할 수 있다. 이러한 욕구들은 쉽게 충족되지 않는다. 욕구를 충족시키는 가장 쉬운 방법은 그 욕구를 줄이는 것이다.

부처님과 제자들은 의식주의 문제를 옷 세 가지와 발우 하나로 해결하도록 했다. 즉 옷 세 가지로 추위와 더위를 피하고 부끄러움을 감추며, 발우를 가지고 차례로 일곱 집을 돌아 얻은 음식으로 하루 한 끼의 식사를 해결하고, 숲 속이나 승원에서 머물며 수행하게 한 것이다. 부처님의 제자들은 많이 소유하고 향유함으로써 욕망을 충족시키는 세속적인 삶과는 달리 의식주에 대한 탐착을 버리고 번뇌를 털어내어 심신을 수련하는 수행을 했는데, 그것을 '두타행' 이라고 한다.

가섭 존자는 부처님의 제자들 중에서도 다음과 같은 열세 가지 두타행을 잘 실천했기에 '두타 제일' 이라는 이름으로 불린다.

① 헤지고 헐은 옷〔糞掃衣〕을 입는다.
② 어떤 경우에도 분소의와 세 가지 옷〔三衣〕만 입는다.
③ 탁발해서 먹을 것을 얻는다.

④ 걸식할 때 빈부를 가리지 않는다.

⑤ 하루에 한 끼만 먹는다.

⑥ 식사의 양을 일정하게 하여 과식하지 않는다.

⑦ 오전 중에 한 번만 식사한다.

⑧ 삼림(森林)과 같은 쾌적한 환경에 집착하지 않는다.

⑨ 주거지에 대한 애착을 버리기 위해 나무 밑에서 지낸다.

⑩ 아무것도 없는 땅(露地)에 앉아 좌정에 든다.

⑪ 무상관을 체득하기 위해 무덤 곁에 머무른다.

⑫ 보시 받은 그대로 고치지 않고 좌구를 사용한다.

⑬ 항상 앉아 있을 뿐, 결코 눕지 않는다.

다 헤진 옷을 입고, 구걸해서 밥을 먹고, 나무 밑이나 무덤 가에서 자는 삶. 겉으로 보기에 그런 생활은 그야말로 거지나 다름없었다. 그러나 거지는 생존을 위해서 그렇게밖에 할 수 없는 반면, 출가 수행자들은 그렇게 하지 않아도 되지만 깨달음을 위한 하나의 수행으로 그와 같은 생활을 하는 것이다.

구걸해서 밥을 얻어먹는 걸식의 예를 들어 보자. 걸식은 단순히 식사 문제를 해결하기 위한 것만은 아니었다. 걸식은 스님들의 수행의

한 과정이었으며, 교화의 수단이었다. 걸식을 함으로써 음식을 제공한 사람들은 보시의 공덕을 짓게 되고, 출가 수행자들은 공양을 베푼 사람들의 고마움을 느껴 자신을 낮추고 교만한 마음을 다스릴 수 있게 되며, 집착하는 마음을 버릴 수 있게 된다. 또한 '그 사람을 이해하려면 그 사람의 신발을 신어 보라'는 말이 있듯이, 보통 사람들이 일상적으로 먹는 음식을 얻어먹음으로 해서 그들의 생활상을 보다 깊이 이해할 수 있으며, 그들과 직접 만남으로 해서 그들의 고민을 해결해주고 부처님의 가르침을 전하여 교화하는 의미가 있었던 것이다.

만약 가섭 존자가 거지였다면 어땠을까? 과연 밥을 빌어먹기 위해 나병환자가 있는 쪽으로 갔을까? 또한 밥을 받았는데 자기 밥그릇에 썩은 손가락이 떨어지는 것을 보고도 아무렇지 않았을까? 그가 거지였다면 아마 더럽다는 생각에 구역질을 하고 심지어는 혐오감이 생겨서 밥그릇을 뒤엎어버렸을지도 모른다. 그러나 가섭 존자는 단순히 밥을 얻기 위함이 아니라 중생을 가엾이 여겨 그 고통 속으로 한 걸음 걸어 들어간 것이었기에, 나병환자의 공양을 감사한 마음으로 받을 수 있었던 것이다. 그래서 그는 그 손가락을 보면서 더럽다는 생각보다는 그들의 아픔을 생각했을 것이고, 혐오감보다는 애틋한 마음이 일어났기에 썩은 손가락이 얹어진 밥을 먹을 수 있었을 것이다.

보통 사람들은 '옳고 그른 것' '좋고 나쁜 것' '같은 것과 다른 것' '더럽고 깨끗한 것'을 나누기 좋아한다. 그래서 보통 사람들은 좋아하는 것에 집착하여 취하려 하고, 싫어하는 마음이 일어나면 멀리하려 한다. 이렇게 이분법적으로 대상을 나누어 집착하게 되면 점점 마음이 부자유스러워진다. 즉 좋아하는 마음을 일으키게 되면 그 대상에 구속되고, 싫어하는 마음을 일으키면 그만큼의 활동 영역이 좁아지지 않겠는가. 그러므로 '선도 생각하지 말고 악도 생각하지 말라'고 했고, 집착을 떠난 평상심이 도라고 했다.

11.
잘났어, 정말!

내 타고난 계급의 자랑과 재물과 권위에 미혹되어서
또 고운 얼굴빛과 잘난 생김을 자랑삼아 미쳐서 돌아다
녔다.
한 사람도 나와 같은 이 없고 나보다 잘난 이 없다고 생
각했다.
이렇게 자랑하는 마음에 빠져 어리석고 고집이 세어 거

만해졌다.

어머니나 아버지나 다른 존경할 만한 그 누구에게도

나는 거만하고 또 고집이 세어서 공경하는 마음이 없어

예경하지 않았다.

그런데 제일의 지도자,

조어자(調御者) 중에서 가장 뛰어난 이가

빛나는 태양처럼 비구들에게 둘러싸인 것을 보고

내 교만과 미혹을 버리고 맑고 부드러운 마음으로

모든 중생 중에서 가장 위인 사람에게 머리를 숙여 예배

했노라.

과만(過慢)과 비만(卑慢)까지도 나는 버리고

'나'가 있다는 생각도 끊기어 모든 종류의 교만이 없어

졌다.

《장로게》젠타 장로의 시

일반적으로 '교만'이라는 말은 잘난 체하여 뽐내고 버릇없이 구
는 것을 말한다. 교만한 사람들은 모든 주위에 존재하는 것들을 자기

중심을 향하도록 배열하고 소유하고 지배하려는 경향이 있다. 그들은 출신 성분과 경제적 배경, 사회적 지위, 외모 등을 내세워 다른 사람들을 무시한다. 그들은 사회적 조건을 중시해서, 인간을 평가할 때 인간 자체보다는 그들이 갖고 있는 배경에 높은 점수를 부여한다. 이는 무엇이 소중한 가치인지를 착각하는 '전도몽상(顚倒夢想)'이 아닐 수 없다. 자기밖에 모르고 제 잘난 맛에 살던 젠타 장로는 부처님과 만남을 계기로 껍데기가 주인 행세하던 지금까지의 삶을 과감히 정리하고 참다운 삶을 시작하고 있다.

불교에서는 인간의 특성을 '자신이 행한 일에 대해 생각을 통해 사유하고 관찰할 수 있으며, 교만이 많으며, 마음을 고요하고 평안하게 다스릴 수 있는 존재《대비바사론》제172'로 파악한다. 인간은 그 특성상 교만한 존재이지만, 바른 사고의 능력으로 자신을 계발하여 평안의 경지로 들어갈 수 있는 존재이기도 하다는 것이다.

그런데 교만한 마음에 머물게 되면 자신을 가치 이상으로 생각하게 되고, 자신의 능력을 더욱더 고양시킬 수 있음에도 불구하고 거기에서 멈추고 만다. 그래서 불교에서는 부처님의 거룩한 가르침과 깨달음을 얻지 못하고도 이미 증득한 줄로 착각하는 어리석은 사람을 증상만이라 하여 특히 경계한다. 이들은 다른 사람이 자기보다 잘하면

기를 쓰고 자기 아래로 끌어내리려 하고, 다른 사람이 잘되는 꼴을 보지 못하여 방해하려는 특성이 있다. 그로 인해서 자신뿐만 아니라 남들까지 나아지지 못하게 한다.

잘난 체 하는 것도 문제이지만 스스로 못난이라 생각하는 것도 경계의 대상이 된다. 자신을 아무것도 할 수 없는 보잘것없는 존재로 파악하여 자학하거나 방탕하게 생활하면서 수행하지 않는 것을 불교에서는 비하만이라 한다. 이런 사람은 무엇을 해보기도 전에 미리 겁부터 먹고 뒤로 물러서는 겁쟁이의 수준을 벗어나지 못하기 때문에 깨달음의 길에 들어서지 못하고 포기하고 만다.

이와 같은 잘난 체 하는 것이나 못났다고 생각하는 것은 모두 '나' 에 대한 잘못된 이해와 집착에서 비롯된 것이다. 자기 자신을 바르게 보고, 자신의 가치를 바르게 세우는 사람이야말로 진정 잘난 사람 아닐까?

12
늘 깨어 있는 사람

나이는 비록 젊어도

부처님의 가르침에 마음을 오로지 가지고

자는 사람 속에서 깨어 있으면

그의 생활은 헛되지 않느니.

그러므로 지혜로운 모든 사람은

모든 부처님의 가르침을 생각하고

믿음과 계율과 정은(靜憶)과 법견(法見)에

마음을 오로지 가져야 하느니라.

《장로게》 호법 장로의 시

《장자》 〈제물론〉에 보면 다음과 같은 이야기가 나온다.

"옛날에 장주가 꿈에 나비가 되었다. 훨훨 날아다니는 나비가 되어 자신이 장주라는 것도 깨닫지 못했다. 그러나 문득 잠에서 깨어나니, 자신은 엄연히 장주였다. 도대체 장주가 꿈에 나비가 된 것일까? 아니면 나비가 꿈에 장주가 된 것일까?"

꿈을 꾸고 있는 사람은 자기가 보고 겪는 것이 환상인지 알지 못한다. 〈조신의 꿈〉이나 〈구운몽〉과 같은 환몽소설을 굳이 거론하지 않더라도 꿈을 꾸고 있는 동안은 실제 상황과 너무 비슷해서 그것이 꿈이란 것을 모른다. 그러나 꿈에서 깨어나는 순간, 꿈 속에서 기뻤던 일, 가슴을 치며 애달파하고 괴로워했던 일들이 모두 환상이었음을 알고 허탈함을 느끼게 된다.

깨어 있다 해도, 허상을 진실인 줄 알고 진실을 허상인 줄 알면 그 또한 꿈을 꾸고 있는 것과 다름이 없다. 마치 꿈을 꾸듯 환상에 집착하여 미련을 버리지 못하는 것이 우리의 삶이 아닌가. 깨어 있다는 말은 미혹함이 없이 있는 그대로를 볼 수 있다는 것이다.

불교가 목적으로 하는 성불은 바로 늘 깨어 있는 사람이 되는 것이다. 깊은 미혹의 잠에서 깨어나 세상을 있는 그대로 인식하는 것이고, 고정관념이나 편견 등 잘못된 관념의 틀을 깨는 것이고, 편안한 듯하지만 부자유스러운 알에서 깨어나 대자유를 향유하는 것이 깨어 있는 자의 삶이다.

깨어 있는 사람이 된다는 것은 신이 되는 것이 아니다. 눈이 열 개, 스무 개 달린 사람이 되는 것이 아니다. 이 세상을 마감하고 죽어서 다른 세상에 태어나는 것을 의미하지도 않는다. 다만 허망한 꿈을 좇아 욕심, 성냄, 어리석음을 벗어나지 못하는 사람들 속에서도 바른 지혜로 해탈을 얻은 사람, 괴로움 속에서 방황하는 사람들 속에 살지만 그 괴로움에서 벗어나 행복한 사람, 조그만 자기에 갇혀 있는 사람들 속을 살면서도 자기라는 틀에서 벗어나 자유로운 사람을, '자고 있는 사람들 속에서 깨어 있는 사람'이라고 한다.

13
죽음도 두렵지 않다

도적이 말하였다.

"우리는 과거에 제사를 지내기 위해 또는 재산을 얻기 위해 사람을 죽였다. 그들은 이유 불문하고 공포와 겁에 질려서 떨며 슬퍼 울었다. 그런데 너는 겁을 내지 않고 있다. 안색은 점점 밝아지고 있다. 이렇게 커다란 위험이 닥쳐왔는데, 너는 어찌하여 슬퍼하며 울지 않느냐?"

아디뭇다 장로는 이렇게 대답했다.

"두목이여, 욕심이 없는 자에게는 마음의 괴로움은 존재
하지 않는다. 정말로 속박을 소멸한 사람에겐 마음의 괴
로움은 존재하지 않는다. 정말로 속박을 소멸한 사람은
공포를 초월하고 있다.

미혹의 생존에 인도하는 망집이 소멸되고, 사상(事象)을
있는 그대로 봤을 때는 죽음에 대한 공포는 존재하지 않
는다. 예를 들면 짐을 내려놓았을 때 마음이 가벼워져
서, 공포는 존재하는 않는 것과 같은 것이다.

나는 깨끗한 행을 잘 실천해왔다. 도에 대해서도 잘 닦
았다. 나에게 죽음에 대한 공포는 존재하지 않는다.

《장로게》 아디뭇다 장로의 시

인도에는 다음과 같은 설화가 있다고 한다.

어떤 마술사가 쥐 한 마리를 관찰했다. 이 쥐는 두려움에 벌벌
떨고 있었다. 왜 그런가 하고 봤더니 고양이를 무서워하기 때문이었
다. 마술사는 쥐가 불쌍해 보여서 마술로 그 쥐를 고양이로 변하게 하

였다. 그런데 변신한 고양이는 개를 두려워하기 시작했다. 또 불쌍한 생각이 든 마술사는 다시 마술을 부려서 고양이를 개가 되게 했다. 그런데 개가 된 후에도 호랑이를 두려워하는 것이었다. 불쌍하게 여긴 나머지 또 마술을 부려서 그 개를 호랑이로 변하게 하였다. 그랬더니 이번에는 사냥꾼을 두려워했다. 그래서 마술사는 다음과 같이 중얼거리며 포기하고 말했다. "내가 아무리 해보았자 이 두려움은 끝나지 않겠구나. 너는 차라리 다시 쥐로 돌아가라."

이 설화처럼 우리들의 삶은 수많은 두려움의 연속이다. 하나의 문제가 해결되어 두려움이 끝났나 싶으면 또 다른 두려움이 끊임없이 이어진다. 우리의 삶은 불확실한 미래에 대한 불안감이나 변화에 대한 두려움, 예기치 않은 사고나 질병과 같은 생존을 위협하는 여러 가지 요소에 대한 두려움들이 끊임없이 이어진다. 특히 모든 두려움에 앞서는 것이 바로 생명의 위협에 대한 두려움이다.

우리의 삶은 태어나는 순간부터 죽음이 예고되어 있다. 그러나 우리는 죽음이라는 것을 나와는 상관없는 것처럼 생각하고 행동한다. 그리고 죽음이라는 것이 삶의 한 부분이라는 것을 인정하려 들지 않는다. 오직 삶을 사랑하고 죽음을 미워한다. 삶을 사랑하는 것이 나쁜 것은 아니지만 삶에 집착하는 것은 죽음에 대한 경멸과 혐오로 이어지게 되고, 죽어야 할 존재로서의 불안을 느끼게 한다. 그렇기 때문에 죽음이라는 것이 자신의 현실이 되었을 때는 엄청난 두려움과 공포에 벌벌 떨면서 슬피 울 수밖에 없는 것이다.

그러나 죽음 앞에서도 두려움이 없는 사람이 있다. 저 아디뭇다 장로를 보라. 자신의 생명을 빼앗아가려는 절박한 상황에서도 흔들림 없는 마음의 평정을 유지하고 있지 않은가. '목석이라면 모를까 어떻게 살아있는 사람이 죽음 앞에서도 초연할 수 있나? 혹시 아주 특별한 사람이 아닐까?' 하는 생각을 할 수도 있다. 그러나 무생물이 아니어도, 아주 특별한 사람이 아니어도 두려움에서 벗어나 살 수 있는 방법은 있다. 아디뭇다 장로는 그의 시에서 그 해답을 두 가지로 제시하고 있다.

첫째, 잘못된 욕망에서 벗어나라는 것이다. 두려움은 본래 욕망과 집착에서 파생된 것이다. 삶을 유지하려는 욕망은 삶에 대한 강한 집착으로 이어지고, 그것은 죽음을 두렵게 하는 원인이 된다. 반면에 오로지 죽으려는 생각만 있는 사람에게는 삶 자체가 두려움이 되기도 한다. 이렇듯 치우치기 때문에 두려움이 생기는 법이다. 그러므로 삶과 죽음에 집착함이 없이 똑같은 무게로 바라보고, 삶을 잘 마무리 하는 것(well-dying)이 잘 사는 것(well-being)의 일부임을 안다면 죽음에 대한 공포가 생기지 않을 것이다.

둘째, 존재의 속성을 바로 보라는 것이다. 모든 존재는 무상하며 변화의 과정 속에 있다는 것을 인정하지 않을 사람은 거의 없다. 그러나 자기 자신은 예외적인 존재로 생각하는 데 문제가 생긴다. 삶과 죽음이라는 것도 또한 그 변화의 한 과정일 뿐임을 인정해야 한다. '나'라는 존재를 아무리 깊이 분석해 보아도 그 실체가 없는데 어찌 죽음이 있겠는가. 우리들이 '나'라는 관념에 오염되어 있기 때문에, 그 '나'라는 것이 사라지고 마는 것이 아닌가 하는 두려움이 생기는 것이다. '내'가 없는데 어떻게 나의 죽음이 있을 수 있겠는가.

살아있는 존재는 죽음의 포로가 되지 않을 수 없다. 그러나 죽음에 대한 공포를 넘어섬으로써 그 죽음을 극복할 수가 있다.

14

소리에 놀라지 않는 사자처럼

나의 마음은,

바위산과 같이 확립되어 있어 동요하지 않는다.

마음이 물들어 집착할 것을 떠나

노여움을 불러일으키는데도 성내지 않는다.

나의 마음은 이와 같이 수양되어 있다.

나에게 괴로움이 찾아오겠는가?

《장로게》 기다가 장로의 시

우리의 마음은 하루에도 수만 번 바뀐다. 보고 듣고 느끼는 것이 그만큼 많기 때문에 감정의 변화도 많은 것이다. 우리는 여섯 가지 인식기관으로 그 대상을 받아들인다. 그 과정에서 즐거움과 괴로움과 즐겁지도 않고 괴롭지도 않은 느낌들을 갖게 된다. 이런 느낌과 경험과 생각들을 백팔번뇌라 한다.

우리들 마음의 작용은 주변 환경의 영향을 많이 받는다. 마음이 불안하거나 들떠 있는 상태라면 주변의 영향을 더욱 많이 받게 된다. 마치 물 위에 떠 있는 물체가 물이 흔들릴 때마다 같이 흔들리는 것과 같다. 다른 사람이 칭찬하면 기뻐서 으쓱대다가 누군가가 자신을 비방하면 얼굴이 붉으락푸르락하며 화를 내기도 하고, 별 일 아닌 일로 마음 상해 며칠씩 토라지기도 한다. 그렇게 자꾸만 부딪히다 보면 어느새 정신이 만신창이가 되도 한다. 특히 마음이 안정되어 있지 않은 사람이라면 주변 환경이 바뀔 때마다 심한 스트레스로 고생하기도 한다.

또한 마음이 불안하면 외부대상을 받아들일 때 그것을 왜곡시키거나 변형시켜서 받아들이기 쉽다. 잔잔한 물에는 주변 풍경이 그대로 비춰지지만 파도가 심하게 치거나 부글부글 끓어오르는 물 위에는 그 대상들이 흔들려 보이거나 비춰지지 않는 것과 같다. 무언가 마음에 꼬인 것이 있을 때를 생각해 보자. 진+가 밝게 웃으면서 지니기는 것조차 짜증나고 신경질이 난다. 자신을 비웃는 듯, 놀리는 듯 보이기 때문이다. 불안정한 마음은 잘못된 영상들을 계속해서 마음에 저장하게 하고, 그로 인해 세상을 더욱 비뚤어진 눈으로 보게 해서 괴로움 속으로 빠져들게 만든다.

그러나 마음이 안정되고 너그러워져 있을 때는 외부의 영향을 덜 받게 된다. 마치 반석이 비바람에 끄떡도 하지 않는 것과 같다. 평소 같으면 자존심이 상하고 화가 나서 몇 번이고 발길질을 하고 고민했을 일도 초연하게 대할 수 있게 된다. 마음이 편안한 상태라면 다른 사람의 허물도 웃어 넘길 수 있고, 때로는 가엾어 보일 수도 있다.

우리의 마음이 외부 환경에 많은 영향을 받는다는 것은 그만큼 우리의 삶이 자유롭지 못하다는 이야기다. 주체인 내가 객체인 주변 환경의 노예가 되어 끌려 다니는 꼴이다. 내 마음의 작용이 어떠하냐에 따라서 대상이 다양한 모습으로 나타나야 하는데 우리들은 지금 주객이 전도된 삶을 살고 있다. 그러니 어찌 그것이 참다운 나의 삶이라 할 수 있겠는가. '참나'로 산다는 것은, 그물에 걸리지 않는 바람처럼, 소리에 놀라지 않는 사자처럼, 진흙에 물들지 않는 연꽃처럼 동요하지 않는 마음으로 살아가는 것이다.

15
화풀이하자

노함이 없이 부드러이 순하고
모든 것에 평등하게 살아가면서
잘 알아 해탈해 고요한 사람,
이런 이에게 어디서 분노가 오리.

노한 자를 대해 노하는 사람,

이 사람은 그때문에 더욱 나쁘다.
노한 자를 대해 노하지 않으면
어려운 다툼에도 능히 이긴다.

남이 노한 줄 알아
바른 생각을 가진 이는 말이 없나니
그는 자기와 남,
두 사람의 이익을 행하는 것이다.

자기와 남,
둘의 병을 고치는 의사인 그를,
법을 알지 못하는 저 무리들은
어리석은 바보라고 돌리는구나.

《장로게》 브라흐마닷다 장로의 시

    화를 내지 않고 꾹꾹 눌러 참기만 하면 그것이 스트레스가 되어
마음의 병이 된다고 한다. 화가 나는 것은 우리의 삶을 방해하고 공격

하는 대상에 대해 느끼는 자연스럽고 정당한 감정이다. 그리고 적절한 분노의 표출은 어떤 일을 추진하는 훌륭한 삶의 에너지가 되기도 한다. 그러나 화는 그 성격상 적절하기가 무척 힘들어서 자기 자신과 주변 사람들을 해치는 삶의 '위험한' 에너지가 될 수도 있다. 보통 화가 치밀어 오르면 자신의 감정을 억제하기가 어려워진다. 예전에 안 좋았던 감정의 찌꺼기들까지 치밀어 오르고, 그러다 보면 점점 분노가 폭발하게 되어 쉽게 누그러지지 않는다. 그 분노의 폭탄을 맞은 사람은 어떨까? 설령 자신의 잘못 때문에 그와 같은 상황을 맞게 되었을지라도 먼저 감정이 상하게 되고, 더불어 화가 나면서 불만과 미움, 심지어 원한이라는 악한 감정이 일어나기도 한다.

　　심리학에 '치환'이라는 용어가 있다. '종로에서 뺨 맞고 한강에서 화풀이한다'는 말이 그것이다. 밖에서 무슨 일이 있었는지 모르지만 아버지가 집에 들어오자마자 어머니에게 마구 신경질을 부린다. 더불어 신경질이 난 엄마는 자식에게 마구 잔소리를 한다. 화가 난 자식은 가만히 잠자고 있는 강아지를 걷어차버린다. 화는 계속 옮겨가면서 주변의 평화를 망가뜨리고 만다. 이와 같이 화풀이한답시고 화를 옮기는 것은 마치 여우가 미워서 여우의 꼬리에 불을 붙였더니 여우가 온 사방을 돌아다니며 그동안 가꿔온 모든 것을 태워버리는 것과 같다.

화는 불씨와 같아서 그것을 다른 사람에게 옮기는 순간 그 불길이 점점 커지면서 주변 사람들에게 불필요한 긴장을 초래하고, 좋은 인간관계를 깨며, 지금까지 쌓아온 미덕을 모두 무너뜨릴 위험성을 안고 있다.

화를 옮기지 말고 화를 풀어라. 화를 푼다는 것은 화의 근원이 미성숙한 의식의 표출임을 바로 보고, 자신의 마음을 그 격정에서 자유로워지도록 만들어주는 것이다. 또한 내면에 억압되어 있는 분노의 불씨를 잘 감싸안아 비이성적으로 표출되지 않도록 해소해주는 것이 화풀이다.